Renée Holler
Tatort Geschichte · Das Orakel des Schamanen

Ratekrimis mit Aha-Effekt
aus der Reihe Tatort Geschichte:

- Der Geheimbund der Skorpione
- Gefahr für den Kaiser
- Falsches Spiel in der Arena
- Der Mönch ohne Gesicht
- Anschlag auf Pompeji
- Rettet den Pharao!
- Das Geschenk des Kublai Khan
- Eine Falle für Alexander
- Fluch über dem Dom
- Die Spur führt zum Aquädukt
- Verrat am Bischofshof

- Im Schatten der Akropolis
- Spurensuche am Nil
- Das Geheimnis des Druiden
- Gefahr auf der Santa Maria
- Die Rückkehr des Feuerteufels
- Verschwörung gegen Hannibal
- Unter den Augen der Götter
- Im Netz der Falschmünzer
- Überfall im Heiligen Hain
- Das Vermächtnis des Piraten
- *Das Orakel des Schamanen*

TATORT
GESCHICHTE

Renée Holler

Das Orakel des Schamanen

Illustrationen von Hauke Kock

Mix
Produktgruppe aus vorbildlich
bewirtschafteten Wäldern und
anderen kontrollierten Herkünften

Zert.-Nr. GFA-COC-001223
www.fsc.org
© 1996 Forest Stewardship Council

ISBN 978-3-7855-6715-9
1. Auflage 2010
© 2010 Loewe Verlag GmbH, Bindlach
Umschlagillustration: Hauke Kock
Umschlagfoto: steinzeitliches Beil, mauritius images/Jupiterimages Ltd.
Printed in Germany (003)

www.loewe-verlag.de

Inhalt

Hungrige Geister 11
Die Anderen 20
Das Speerorakel 29
Am Lachsfluss 38
Der Geistermann 47
Mammuträtsel 57
Vier Finger 66
Geheimgang 76
Die Stromschnellen 85
Danbor in Gefahr 95

Lösungen *105*
Glossar *107*
Zeittafel *109*
Die Steinzeit *112*

Hungrige Geister

„Da hat schon wieder jemand Essen geklaut!" Aya überprüfte besorgt den Inhalt des halb vollen Ledersacks. Die Sippe bewahrte darin Dörrfleisch auf. Nachts wurde der Sack in die Äste einer Birke gehängt, damit keine Tiere den wertvollen Inhalt fraßen. „Wenn unsere Vorräte weiter so schnell verschwinden, wird uns das Fleisch ausgehen, bevor die Männer von der Jagd zurückkehren."

„Wie kannst du so sicher sein, dass etwas fehlt?" Lur, Ayas gleichaltriger Cousin, musterte die verschrumpelten Fleischstreifen im Sack. „Da ist doch genauso viel drin wie gestern Abend, als wir den Beutel in den Baum hochgezogen haben."

Auch Toki, sein jüngerer Bruder, konnte keinen Unterschied sehen.

„Ich bin mir absolut sicher", widersprach das Mädchen, während sie sich eine dunkle Haarsträhne hinters Ohr strich. „Seht ihr diese Linie hier?" Sie deutete auf eine kaum sichtbare Markierung im Leder. „Die habe ich gestern mit dem Fingernagel eingeritzt. Daran kann man deutlich erkennen, dass es weniger geworden ist."

„Aber wer sollte uns denn bestehlen?" Mit einer Kopfbewegung deutete Lur Richtung Lager, wo mehrere Stangenzelte im Kreis um eine Feuerstelle standen. Zwei kleine Kinder rannten gerade zwischen den Zelten hin und her, während eine Frau auf die Glut blies, um das Feuer vom Vorabend zu wecken. „Die Männer sind seit Tagen auf der Jagd und im Lager sind nur ein paar Frauen und Kinder. Niemand aus unserer Sippe kommt als Dieb infrage und hier sind weit und breit keine anderen Menschen."

„Vielleicht war es ein Tier", schlug Toki vor.

„Klar", erwiderte der Ältere spöttisch. „Ein Höhlenlöwe ist auf die Birke geklettert, hat den Beutel aufgeknotet und sich ein paar Streifen Dörrfleisch geholt. Anschließend hat er den Beutel ordentlich zugebunden und wieder in den Baum gehängt."

Die drei blickten ratlos den Stamm der Birke hoch, dem einzigen Baum im Umkreis. Ohne das Seil herabzulassen, kam man tatsächlich nicht an den Ledersack heran.

„Großmutter meint, dass hungrige Geister gerade ihr Unwesen bei uns treiben", meinte Aya nach einer Weile.

„Geister?"

Das Mädchen nickte. „Seit die Männer losgezogen sind, ist fast jede Nacht irgendetwas verschwunden. Nicht nur Essen, auch ein Fell, ein Paar Stiefel und ein Messer. Großmutter sieht dies als schlechtes Omen. Sie macht sich Sorgen."

Lur dachte nach. „Wir könnten dem Dieb auflauern", schlug er vor.

„Und was, wenn es sich tatsächlich um Geister handelt?" Toki war der Gedanke, mitten in der Nacht Spukgestalten zu begegnen, nicht geheuer.

„Wenn ihr Angst habt, dann mach ich das alleine", erwiderte Lur bestimmt. „Aber denkt mal nach! Es könnte ewig dauern, bis die Männer von der Jagd zurückkommen. Wenn noch mehr Dörrfleisch verschwindet, dann gäbe es bis dahin nur noch Wurzeln und Beeren zu essen. Darauf habe ich absolut keine Lust."

„Ich helfe dir", erklärte Aya bestimmt, obwohl auch sie sich vor Geistern fürchtete.

Der Gedanke, die nächsten Tage ohne Fleisch auskommen zu müssen, stimmte schließlich selbst Toki um. „Na, gut", meinte er, „ich bin auch mit dabei." Dann grinste er. „Allerdings hätte ich eine erstklassige Idee, wie wir uns, auch ohne die Männer, Frischfleisch besorgen könnten."

Die anderen sahen ihn erstaunt an.

„Wir gehen mit Lurs Speer auf Kaninchenjagd."

Wieso war er nicht selbst darauf gekommen? Natürlich, der neue Speer, auf den Lur so stolz war. Es hatte ewig gedauert, bis Speer und Schleuder fertig gewesen waren. Er hatte die scharfe Steinspitze sogar wie die Speerspitzen der Männer am Schaft mit Birkenpech verpicht. Die Schleuder hatte er aus dem

Beinknochen eines Rentiers geschnitzt. Zwar hatten die Brüder bisher damit nur Weitwerfen geübt, doch ein Kaninchen war sicher leicht zu treffen.

Auch Aya gefiel die Idee. „Ich war gestern mit meiner Mutter auf der anderen Seite des Hügels Krähenbeeren pflücken", erinnerte sie sich. „Da bin ich über ein Loch gestolpert, das wie ein Kaninchenbau aussah. Wir brauchen nur dort zu warten, bis die Langohren aus ihrem Bau kommen."

„Es gibt noch einen schnelleren Weg." Lur hatte bereits einen Plan. „Toki sticht mit einem Ast ins Loch, die Kaninchen werden aufgescheucht und fliehen nach draußen. Du treibst sie dann in meine Richtung. Und ich ziele mit dem Speer."

Schon wenig später marschierten die drei Kinder los. Aya führte sie zielsicher den Hügel hinterm Lager hoch. Ein eisiger Wind war aufgekommen und sie mussten sich mit aller Kraft dagegenstemmen. Doch nichts würde sie von ihrem Plan abbringen. Der Gedanke an Kaninchenbraten war zu verlockend.

„Die Stelle mit den Kaninchenlöchern muss irgendwo hier sein." Aya zog sich ihre mit Wolfsfell umrandete Kapuze tiefer ins Gesicht und ließ ihren Blick über die braungrüne Steppe schweifen. Doch die Landschaft sah überall gleich aus. Da wuchsen niedrige Gräser, Moose, Flechten und Zwergsträucher. Das Kaninchenloch, über das sie gestern gestolpert war, konnte sie nirgendwo sehen. Es war Toki, der den Bau endlich entdeckte.

Lur stellte sich sofort in Position, die Speerschleuder mit dem Speer abschussbereit in der Hand, während Toki einen Ast in das Loch schob. Schon einen Augenblick später schoss tatsächlich ein Kaninchen daraus hervor. Es hüpfte auf Aya zu, die laut schreiend mit den Armen gestikulierte, um das Tier in Lurs Richtung zu treiben. Dieser holte mit dem Arm kräftig aus und gleich darauf flog die Waffe in hohem Bogen über die Sträucher in Richtung des Kaninchens. Doch das Tier schlug einen Haken und war flugs zwischen dem niedrigen Gestrüpp verschwunden. Der Speer schlug krachend aufs Moos auf.

„So ein Mammutmist!", fluchte Lur. Doch Toki rannte hinterher, hob die Waffe auf und brachte sie dem älteren Bruder zurück.

„Das nächste Mal klappt es bestimmt", tröstete er ihn und suchte bereits nach weiteren Kaninchenlöchern. Abwechselnd zielten die beiden Brüder auf die aufgescheuchten Kaninchen. Doch so sehr sie sich auch anstrengten, die Tiere hopsten jedes Mal flink aus dem Weg. Kein einziger Speerwurf wurde zum Volltreffer. Die Sonne stand bereits tief am Horizont, als sie müde und enttäuscht ins Lager zurückkehrten. Es würde keinen Kaninchenbraten geben. Wenn sie vermeiden wollten, dass ihr Vorrat an Trockenfleisch weiter schrumpfte, blieb ihnen nichts anderes übrig, als heute Nacht doch dem Dieb aufzulauern. Auch wenn es sich möglicherweise um einen hungrigen Geist handelte.

Viel später hockte Lur dicht neben der Feuerstelle. Der eisige Wind hatte sich gelegt und am klaren Nachthimmel funkelten unzählige Sterne. Aya und sein jüngerer Bruder hatten die ersten beiden Wachen gehalten. Jetzt schliefen sie tief und fest neben ihm. Auf ihren Gesichtern tanzte der Feuerschein. Aya murmelte etwas Unverständliches und drehte sich unruhig auf die andere Seite. Ein leises Knacken ließ

Lur auffahren. Doch es war nur ein glühender Ast, der in sich zusammenbrach. Er blickte zur Birke hinüber, die im Mondlicht silbern leuchtete. Nichts Auffälliges war dort zu sehen. Gähnend zog er das Bärenfell enger um sich. Es war angenehm warm und kuschelig. Nur für einen winzigen Augenblick schloss er die Augen. Danach erinnerte er sich an nichts mehr.

„Lur!" Jemand schüttelte ihn heftig an der Schulter. Verschlafen rieb er sich die Augen. Das Feuer neben ihm war völlig heruntergebrannt.

„Du bist eingeschlafen!" Toki deutete vorwurfsvoll zum Horizont, wo ein rosa Schimmer bereits den nächsten Tag ankündigte.

Hastig warf Lur das Fell auf die Seite und rannte zur Birke. Aya hatte den Ledersack bereits aus dem Baum geholt und den Verschluss geöffnet.

„Der Dieb ist wieder da gewesen", stellte sie leise fest.

Lur stand sprachlos vor der Birke. Wer konnte nur so unverschämt sein, ihnen ihr Dörrfleisch vor der Nase wegzuklauen? Hatte die Großmutter mit ihrer Geistertheorie vielleicht doch recht? Klar, jedes Kind wusste, dass es Geister gab: Wind, Gewässer, Steine, Pflanzen und Tiere – alles war von Geisterwesen belebt. Doch die würden der Sippe sicher nicht ihre letzten Vorräte rauben. Er sah sich um und plötzlich wusste er, dass es sich unmöglich um Geister handeln konnte. Er hatte sogar einen eindeutigen Beweis.

? *Was hat Lur entdeckt?*

Die Anderen

Lur untersuchte die Spuren neben der Birke. „Könnt ihr euch an Kilkurs Geschichte erinnern?", fragte er.

„Welche Geschichte?" Aya wusste wirklich nicht, wovon ihr Cousin sprach, denn wenn sie abends am Lagerfeuer hockten, erzählte der alte Schamane ständig Geschichten. Da gab es Legenden, wie die Welt entstanden war und woher die Menschen kamen, wie das Mammut zu seinem Rüssel kam und vieles mehr. Wie sollte sie erraten, an was Lur dachte? Auch Toki hatte keine Ahnung.

„Die von den Mannwölfen", fuhr Lur fort, „die Menschen, die sich in Vollmondnächten in blutdürstige Wölfe verwandeln." Mit ausgestrecktem Zeigefinger deutete er auf die Spuren. „Während wir geschlafen haben, hat sich hier vergangene Nacht ein Mensch in einen Wolf verwandelt."

„Quatsch", erwiderte Aya. Zwar konnte man neben den Fußspuren Pfotenabdrücke erkennen, doch beide führten deutlich nebeneinander zum Fluss hinab. „Da hat sich kein Mensch in ein Tier verwandelt, sondern ein Wolf lief neben einem Menschen her." Nachdenklich verfolgte sie die Spuren mit den Augen. Auf der anderen Seite des Flusses schienen sie sich in Luft aufzulösen. „Zwar gebe ich zu, dass es merkwürdig aussieht, aber eine Verwandlung hat hier nicht stattgefunden."

„Der Dieb hat etwas verloren." Toki deutete auf ein Lederband, das neben der Birke lag. Überall waren winzige Muscheln befestigt. „Wisst ihr, was das ist?"

„Ein Armband?", schlug Aya vor. Sie hob das Lederband auf und knotete es versuchsweise um ihr Handgelenk. „Passt hervorragend."

Im selben Moment hörten sie laute Rufe aus dem Lager. Die Frauen stürmten, die Babys im Arm und die Kinder im Gefolge, den Hang hoch. Selbst die Großmutter mit ihren steifen Knochen rannte so schnell, als sei ein Höhlenbär hinter ihr her.

„Die Männer kommen zurück!", rief Lur erfreut. Er hatte die Jäger entdeckt, die am Horizont auftauchten. Er sauste los, die anderen beiden dicht hinter ihm. Das Lederband an Ayas Handgelenk war vorerst vergessen. Doch Lur blieb bereits nach mehreren Schritten so abrupt stehen, dass Aya und Toki auf ihn aufprallten.

„Das sind nicht nur unsere Männer", murmelte er, „da sind andere mit dabei."

Danbor, der Anführer, schritt ihren Vätern und dem Schamanen voran. Gleich dahinter folgten zwei unbekannte Männer und eine Frau. Der ältere Mann, dem eine wulstige Narbe quer über die Wange lief, blickte grimmig vor sich hin.

Der Jüngere zog eine Schleife aus Holzstangen, die mit Bündeln beladen war, hinter sich her. Auch die Frau trug ein Bündel auf dem Rücken. Erst als sie näher kam, konnte man erkennen, dass in dem Beutel ein Baby schlief.

Misstrauisch musterten die Kinder die

Fremden. An ihrer Kleidung sah man gleich, dass die unerwarteten Gäste nicht den Rentierleuten, sondern einem anderen Stamm angehörten. Ihre Jacken und Beinlinge waren aus grauen kurzhaarigen Fellen genäht. Die Kinder hatten solche Felle noch nie gesehen und wussten nicht, von welchem Tier sie stammten. Für ihre eigene Kleidung wurden hauptsächlich Rentierhäute, gelegentlich auch Wolfs- und Fuchsfelle benutzt. Auch die Muster, mit denen die Jacken an Halsausschnitt und Brust verziert waren, sahen anders aus. Statt mit Knochenperlen oder Tierzähnen waren sie mit Muscheln bestickt.

„Wo ist die Beute?", fragte Toki leise. Er hatte gleich bemerkt, dass die Rentierkadaver fehlten. Zwar hingen Ayas Vater mehrere Schneehühner, die er an den Füßen zusammengebunden hatte, über der Schulter, doch niemand schleppte Rentiere oder anderes Wild.

„Das kann nichts Gutes bedeuten", murmelte Aya. Auch Großmutter und die Frauen ihrer Sippe waren inzwischen stehen geblieben. Statt die Männer zu begrüßen, standen sie nur stumm da und beobachteten die Fremden argwöhnisch. Ayas kleiner Bruder begann zu weinen.

Danbor brach das Schweigen. „Wir haben Gäste mitgebracht", erklärte er. „Sie haben ihr Land verloren und werden sich unserer Sippe anschließen. Wir werden mit unseren neuen Freunden teilen, was wir haben."

Alle starrten den Anführer verwundert an. War er nicht mehr bei Sinnen? Andere galten als gefährlich. Man konnte ihnen nicht trauen.

„Viel zu teilen gibt es allerdings nicht", meinte die Großmutter scharf. Sie deutete auf die Schneehühner. Zu den Anderen gewandt, fuhr sie etwas freundlicher fort: „Trotzdem seid ihr willkommen an unserem Lagerfeuer."

Die Männer waren erschöpft und hungrig. Deswegen machten sich die Frauen gleich an die Arbeit, die Hühner zu rupfen und das Essen vorzubereiten. Aya half ihrer Mutter, mit einer Steinklinge Sauerampfer und Lauch klein zu schneiden. Die Muschelleute steuerten getrocknete Pilze bei. Während mehrere Hühner an Holzstangen über dem Feuer brutzelten, erhitzte die Mutter große Flusskiesel in der Glut. Sobald sie heiß waren, hob sie sie mit einer Astgabel aus den Flammen, um sie zu dem Gemüse in die mit Leder ausgelegte Kochgrube zu legen. Bald begann die Suppe in der Mulde zu brodeln. Die Steine wurden immer wieder durch heiße ausgetauscht, bis das Gemüse gar war. Endlich waren auch die Hühner knusprig gebraten und die Sippe versammelte sich, zusammen mit den Anderen, ums Lagerfeuer.

Während sie den Gemüseeintopf aus dem Ledertopf löffelten und die Hühnerschlegel abnagten, berichteten die Muschelleute, warum sie von der Küste fliehen mussten.

„Das Meer bäumte sich auf wie ein riesiges Monster", berichtete der jüngere der beiden Männer stockend. „Eine berghohe Welle rollte auf unser Lager zu. Belar und ich standen gerade auf einem nahe gelegenen Hügel und konnten nichts tun. Das Lager verschwand vor unseren Augen in den Fluten, während Männer, Frauen und Kinder ertranken." Der Mann wischte sich mit der Hand über das tränennasse Gesicht. „Dima und das Baby haben Glück gehabt. Sie hielt sich an einem schwimmenden Baumstamm fest und der Kleine war auf ihrem Rücken festgebunden. So konnten wir sie an Land ziehen. Wir drei sind alles, was von unserer Sippe übrig blieb."

„Die Geister bestrafen uns", flüsterte die Frau. Auch ihr standen Tränen in den Augen.

„Ich würde gerne wissen, was die Geister plötzlich gegen die Menschen haben", murmelte die Großmutter. „Euer Land überfluten sie, uns bestehlen sie und verhexen die Herden. Bald werden wir alle verhungern."

Aya horchte auf. Sie mussten Danbor unbedingt von den Spuren neben der Birke berichten. Doch bevor sie etwas sagen konnte, begann Kilkur zu sprechen.

„Jetzt haben wir schon seit vielen Wintern keine Mammuts mehr gejagt. Es ist, als ob der Erdboden die Riesen verschluckt hätte. Wenn nun die Rentierherden auch ausbleiben, werden wir den nächsten Winter nicht überleben." Er zog eine kleine Steinfigur aus seinem Lederbeutel. „Der einzige Ausweg, den ich sehe, ist, Mutter Mammut zur Heiligen Höhle zu bringen." Er strich mit dem Finger über die faustgroße Figur. „Mutter Mammut hat unseren Klan seit Ewigkeiten beschützt. Sie wird uns auch jetzt nicht im Stich lassen." Er wandte sich an Danbor. „Allerdings müssen wir dazu früher als üblich zum Lachsfluss aufbrechen. Denn nur dort kann ich mit den Tiergeistern in Verbindung treten und die nötigen Riten abhalten."

Der Anführer nickte. „Wir können schon morgen aufbrechen." Zwar zogen sie gewöhnlich erst, wenn die Wintersterne am Himmel zu sehen waren, zu den Höhlen am Lachsfluss, doch ohne die Herden konnten sie im Steppenlager nicht überleben. Am Fluss würden sie zumindest Lachs im Überfluss finden.

Während die Männer besprachen, was als Nächstes zu tun war, beobachtete Aya die Anderen. Bis auf ihre Kleidung unterschieden sie sich kaum von den Rentierleuten. Die Frau starrte traurig ins Feuer, während sie ihr Baby stillte. Es gab zufriedene Laute von sich, genau wie die Babys der Rentiersippe, wenn sie sich wohl und geborgen fühlten.

Plötzlich klopfte Ayas Herz bis zum Hals. Ihr war etwas aufgefallen. Sie musste unbedingt mit Danbor sprechen. Er durfte den Anderen auf keinen Fall trauen. Es handelte sich um Diebe!

? *Was ist Aya aufgefallen?*

Das Speerorakel

Lur lag im Zelt. Er warf sich unruhig von einer Seite auf die andere. Toki, unter dem Bärenfell neben ihm, war längst eingeschlafen. Auch ihre Eltern, die neben der kleinen Schwester lagen, schlummerten tief und fest. Nur vom Vater hörte man hin und wieder Schnarchlaute.

Für Lur war das Lederbändchen, das sie neben der Birke gefunden hatten, der eindeutige Beweis, dass es sich bei dem Dieb um einen der Muschelmenschen handelte. Doch das Gespräch mit Danbor und Kilkur hatte zu nichts geführt. Sowohl der Anführer als auch der Schamane waren sich absolut sicher, dass die Muschelleute nichts mit dem Diebstahl zu tun hatten. Angeblich hatten sie sich den Jägern bereits vor mehreren Tagen angeschlossen und kamen daher als Täter nicht infrage. Die Kinder misstrauten ihnen zwar immer noch, doch Danbor ließ sich nicht von seinem Plan abbringen. Sie würden am nächsten Morgen zum Lachsfluss ziehen und die Muschelleute würden sie begleiten.

Was war das für ein Geräusch? Erschrocken richtete Lur sich auf. Vermutlich war es nur ein wildes Tier, das auf der Suche nach Futter durchs Lager streifte. Doch was, wenn es der Dieb war? Lur griff nach seinen Stiefeln, zog sie über und kroch durchs dunkle Zelt zum Eingang. Er musste unbedingt nachsehen. Lautlos hob er die Lederklappe, die über der Öffnung hing, und ließ seinen Blick über den Platz schweifen. Zuerst konnte er nichts Auffälliges erkennen. Das abgebrannte Holz in der Feuerstelle glühte noch, dahinter sah man nichts als Dunkelheit. Schon wollte er sich wieder schlafen legen, als er bemerkte, wie sich etwas vor der Birke bewegte.

Einen Augenblick lang überlegte er, ob er seinen Vater oder Toki wecken sollte. Doch stattdessen entschloss er sich, den Dieb alleine zu fassen. Er brauchte dazu nur seinen Speer, der irgendwo neben dem

Eingang lag. Hastig tastete er danach, doch alles, was er in der Eile finden konnte, war eine Axt. Mit dem schweren Werkzeug in der Hand schlüpfte er in die kalte Nacht hinaus.

Die Gestalt stand noch neben dem Baum. Sie war so mit sich selbst beschäftigt, dass sie den Jungen, der sich im Schutz der Zelte näherte, nicht wahrnahm.

Ein Mädchen! Lur konnte es nicht fassen. Sie war kleiner als er, etwa so groß wie Aya. Gerade in diesem Augenblick knotete sie den Ledersack auf.

„Was tust du hier?", fragte er mit seiner tiefsten Stimme. Die Axt erhob er dabei drohend.

Doch statt davonzulaufen, ließ das Mädchen den Sack nur fallen und starrte den Jungen mit schreckgeweiteten Augen an.

„Das ist unser Fleisch!" Erst jetzt bemerkte Lur den jungen räudigen Wolf, der mit eingezogenem Schwanz jede seiner Bewegungen verfolgte. Er hob die Axt höher. Auch wenn das Tier noch nicht ausgewachsen war, konnte es gefährlich werden. Das Mädchen sagte immer noch nichts. Es zitterte am ganzen Körper.

„Gib mir eine Antwort!", fuhr er es an. „Was tust du hier?" Seine Stimme schallte durch das ganze Lager. Doch das Mädchen blieb stumm.

Inzwischen waren alle von dem Lärm aufgewacht. Lurs Vater war der Erste, der neben der Birke ankam.

„Was soll dieser Krach, mitten in der Nacht!", schimpfte er ungehalten. Dann sah er die erhobene Axt.

„Beim heiligen Mammut! Was ist denn hier los?"

„Ich habe die Diebin auf frischer Tat ertappt", erklärte Lur und deutete mit einer Kopfbewegung in Richtung des Mädchens. Der Wolf hatte sich unterdessen scheu zurückgezogen, obwohl er aus sicherem Abstand immer noch alles genau beobachtete.

„Sie ist vom Muschelvolk", stellte Aya fest, nachdem sie sich zwischen den Männern hindurchgedrängt hatte. „Sie trägt den gleichen Haarschmuck wie Dima." Tatsächlich war in die verfilzten Locken des Mädchens ein Lederbändchen eingeflochten. Die Strähnen auf der anderen Seite fielen ihr schmucklos ins Gesicht. „Sie hat ihr Armbändchen verloren und ich weiß, wo es ist." Demonstrativ deutete Aya auf ihr Handgelenk, an dem ein heller Streifen sichtbar war. Dort hatte die Sonne die Haut nicht gebräunt.

„Wo ist der Rest deiner Sippe?", fragte Lurs Vater. Doch das Mädchen blieb stumm.

Selbst der Muschelfrau gelang es nicht, ihr Worte zu entlocken. „Vermutlich hat sie ihre Sippe bei den Überschwemmungen verloren. Das arme Kind. Muss sich ganz alleine durchschlagen." Sie wollte dem Mädchen ihren Arm um die Schultern legen, doch es wich zurück.

„Zwar ist die Kleine eine Diebin", meinte Danbor nachdenklich, „doch sie hatte keine andere Wahl. Ohne ihre Sippe kann sie sich unmöglich alleine durchschlagen. Uns bleibt nichts anderes übrig, als sie mit zum Lachsfluss zu nehmen."

„Und was ist mit dem Wolf?", fragte Lur. „Die beiden gehören zusammen."

Danbor sah das Tier, das immer noch ein Stück vom Lager entfernt stand, erst jetzt. „Der wird schon verschwinden." Er klatschte in die Hände. Als der Wolf sich nicht von der Stelle rührte, zuckte er nur mit den Achseln und stapfte zurück zu seinem Zelt.

Der junge Wolf war am nächsten Morgen immer noch da. Er schlich ums Lager herum und beobachtete, wie die Zelte abgebaut wurden. Das Muschelmädchen hatte zwar die Nacht im Zelt von Ayas Familie verbracht, doch es blieb stumm und scheu wie der Wolf. Unter der Birke hockend, beobachtete es misstrauisch die Menschen. Als Aya ihr zum Frühstück kaltes Hühnerfleisch vom Vorabend brachte, zupfte sie ein Stück davon ab und warf es dem Wolf zu. Der näherte sich vorsichtig und verschlang es gierig.

„Das Mädchen ist von bösen Geistern besessen", meinte die Großmutter, während sie ein zusammengerolltes Bärenfell auf einer Schleife aus Zeltstangen festzurrte. „Ein Wolf, der sich von einem Menschen füttern lässt. Das habe ich zu meinen Lebzeiten noch nicht gesehen."

Doch Kilkur fand es nicht so ungewöhnlich. „Der Wolf ist noch zu jung, um alleine zu jagen. Wahrscheinlich hat ihn seine Mutter nicht angenommen und er hat sich deswegen dem Mädchen angeschlossen."

Die Großmutter musterte Kilkur, als wäre er nicht mehr ganz bei Sinnen. Doch der Schamane fuhr fort: „Auf der anderen Seite der Schneeberge soll es Völker geben, die Wölfe zähmen."

„Wozu soll das gut sein?" Die Großmutter legte ein weiteres Bündel auf die Schleife.

„Die Männer benutzen die Tiere zur Jagd und um das Lager vor wilden Tieren zu schützen."

„Bei allem Respekt", murmelte die alte Frau. „Aber du denkst doch nicht etwa, dass ich dir diesen Unsinn glaube." Kopfschüttelnd fuhr sie mit der Arbeit fort.

Bald war es dann so weit. Sie hatten fertig gepackt und waren bereit zum Aufbruch. Danbor ließ seinen Blick noch ein letztes Mal über das ehemalige Lager schweifen. Er wollte sichergehen, dass sie auch nichts vergessen hatten. Nur vier Steinkreise, da, wo die Zelte gestanden hatten, und das Lagerfeuer mit der kalten Asche verrieten, dass die Sippe hier die letzten

Wochen gehaust hatte. Die Steine, die als Beschwerung der Zeltplanen gedient hatten, waren zu schwer, um sie mit auf die Reise zu nehmen.

„Na, dann lasst uns losziehen!", meinte der Anführer. Er begann, die Riemen der Schleife über seine Schultern zu ziehen, als ihn Kilkur mit einer Handbewegung zurückhielt.

„Bevor wir losziehen, will ich noch das Speerorakel befragen, was uns auf unserer Reise erwartet. Ich habe da so ein ungutes Gefühl."

Er wies die Kinder an, am Flussufer Kieselsteine zu sammeln und ihm zu bringen. Gleich darauf machte er sich an die Arbeit. Auf dem Moos entstanden, in einem weiten Kreis angeordnet, kleine Bilder aus Steinen: Menschen, wilde Tiere und eine Flutwelle. Lur wusste, dass die Symbole mögliche Gefahren andeuten sollten.

„Gebt mir eure Waffen!", befahl Kilkur den Männern, als er die Abbildungen vollendet hatte. Er packte die Speere mit beiden Händen und begann unverständliche Worte zu murmeln. Plötzlich ließ er das Bündel los. Die Speere landeten laut krachend übereinander auf dem Moos.

„Der vierte Speer zeigt uns unser Schicksal an. Die Zahl Vier steht für die vier Himmelsrichtungen", erklärte Kilkur. „Deutet er auf eine Lücke, droht uns keine Gefahr, deutet er auf ein Symbol, dann lässt es uns ahnen, was uns bevorsteht."

Um zum vierten Speer zu gelangen, musste er die drei darüberliegenden abheben, doch noch bevor er nach dem obersten Speer griff, wusste Lur bereits, wohin der vierte Speer deutete.

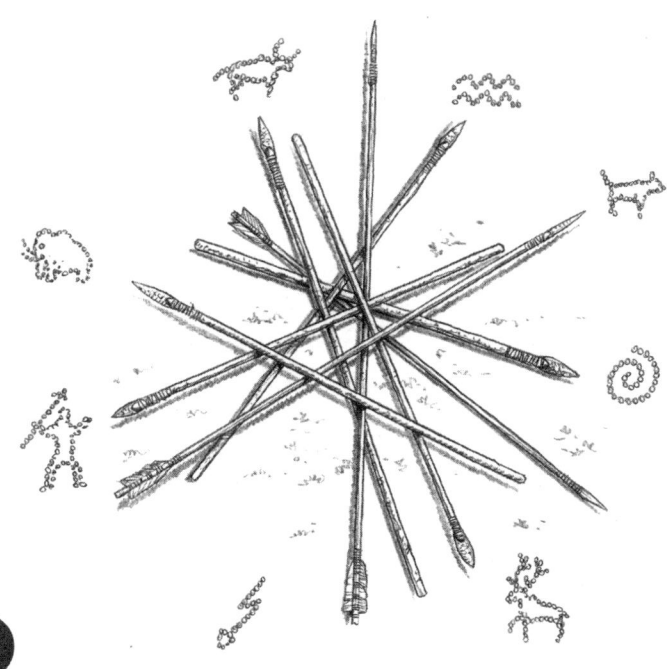

Auf welches Symbol zeigt der vierte Speer?

Am Lachsfluss

"Im Tal wachsen unzählige Bäume", erklärte Aya. "Es gibt Nüsse und im Fluss wimmelt es nur so vor Fischen. Es gibt so viele Lachse dort, dass sogar noch genügend für die Bären übrig bleiben." Sie plapperte unablässig auf das Wolfsmädchen ein, auch wenn dieses seit Tagen nur teilnahmslos neben ihr durch die öde Landschaft stapfte.

Aya und die Jungen hatten das Mädchen Zori getauft. Zwar hatte es noch immer kein Wort gesprochen, doch hörte es inzwischen auf seinen neuen Namen, vor allem, wenn es ums Essen ging. Auch der Wolf folgte der Gruppe beharrlich – allerdings in sicherem Abstand. Nur zu den Essenszeiten näherte er sich scheu, denn Zori teilte jeden Bissen mit ihm. Nachts schliefen er und Zori dicht aneinandergeschmiegt. Großmutters Versuche, ihn zu verjagen, ignorierte er.

Inzwischen waren sie fast drei Tage über die windgepeitschte Steppe gezogen, immer weiter Richtung Schneeberge, deren Gipfel tagsüber in der Sonne glitzerten. Sie waren hungrig und erschöpft und konnten es kaum erwarten, am Ziel anzukommen. Doch kurz nach Mittag des vierten Tages war es so weit. Dicht unter ihnen schlängelte sich der Lachsfluss durch ein breites grünes Tal. Auf einer Seite war er von einer hohen Felswand, auf der anderen von welligen Hügeln eingefasst. Alle atmeten erleichtert auf. Das Orakel hatte sich geirrt. Am Ziel ihrer Reise eingetroffen, konnte der Sippe sicher nichts mehr geschehen.

Aya deutete auf die steile Sandsteinwand, die von Höhleneingängen durchlöchert war. Mächtige Felsüberhänge boten Schutz vor Regen und Wind. „Unser Volk kommt schon seit ewigen Zeiten hierher, um die kalten Monate zu verbringen. Während eines Schneesturms ist es unter den Felsen viel gemütlicher als in einem Zelt. Wo habt ihr denn immer überwintert?" Eine Antwort erwartete Aya nicht und trotz ihrer müden Füße begann sie schneller zu laufen.

„Die Heilige Höhle", fuhr sie atemlos fort, „ist noch ein Stück den Fluss entlang."

Hinter den Bäumen konnte man eine dünne Rauchfahne erkennen, die in den Himmel stieg. Einen Augenblick später traten einige Mitglieder befreundeter Sippen zwischen den Birken hervor. Man hatte sich seit dem Frühjahr nicht mehr gesehen und es gab viel zu erzählen. Alle machten sich große Sorgen wegen der Herden, denn es war ihnen genauso wie Danbors Sippe ergangen. Sie waren auf der Suche nach Wild wochenlang über die Steppen des Nordens gezogen, ohne auf Rentierherden zu stoßen. Deswegen hatten auch sie sich entschlossen, früher als gewöhnlich zum Winterlager aufzubrechen. Sie wollten dort auf Kilkur warten, denn der Schamane war der Einzige, der die Gabe besaß, mit den Geistern in Verbindung zu treten. Er sollte sie überzeugen, die Herden zurückzuschicken. Als die Leute die Muschelmenschen entdeckten, hörte man aufgebrachtes Murmeln.

„Kein Wunder, dass wir hungern müssen. Danbor scheint ja auch jeden durchfüttern zu wollen", zischte ein stämmiger, mürrisch dreinblickender Mann seinem Sohn zu.

„Sei still, Alur! Als du verwundet warst und einen Sommer nicht jagen konntest, hast du auch zu essen bekommen. Meine Gäste bleiben!", fuhr Kilkur ihn an. Kilkur hatte großen Einfluss beim Rentiervolk und niemand wagte es mehr, etwas gegen die Fremden einzuwenden.

Kurz darauf schleppten sie ihr Gepäck den steilen Pfad zum Abri hoch, in dem ihre Sippe jeden Winter wohnte. Sie hatten Glück, denn die meisten anderen Unterschlüpfe waren bereits belegt.

Gerade als die Männer ihre Schleifen vor dem Eingang des Felsüberhangs ablegten, kam eine kleine alte Frau den Pfad hoch. Völlig außer Atem, blieb sie direkt vor Kilkur stehen.

„Iloba?" Der Schamane schien die Frau zu kennen, doch keines der Kinder war ihr je zuvor begegnet. „Bist du es wirklich?"

Die Alte, deren Gesicht genauso verrunzelt wie das der Großmutter war, grinste ein zahnlückiges Lächeln. „Ich wusste, dass ich eure Sippe am Lachsfluss finden würde."

„Aber wo warst du all die Jahre?" Kilkur konnte sein Staunen nur schwer verbergen. „Nachdem dein Mann bei der Mammutjagd ums Leben kam, warst du spurlos verschwunden. Wir machten uns große Sorgen. Und schließlich mussten wir annehmen, dass du ebenfalls ums Leben gekommen bist."

„Ich zog zurück zu meiner Sippe auf die andere Seite der Schneeberge", erklärte die Frau. „Allerdings wollte ich euch schon seit Langem besuchen." Sie strich sich eine graue Haarsträhne aus dem Gesicht. „Dies ist mein Sohn Izar." Sie deutete auf einen bärtigen Mann, der mit ihr den Pfad hochgekommen war. „Ich war damals schwanger mit ihm."

Auch Danbor und die Großmutter begrüßten die alte Bekannte. Niemand sonst konnte sich an Iloba erinnern.

„Ich möchte deine Geschichte unbedingt hören", meinte Kilkur. „Doch sie muss bis später warten. Erst segne ich unseren Unterschlupf."

Unverzüglich zog er Mutter Mammut, die faustgroße Steinfigur, aus seinem Beutel und rieb sie in seinen Händen hin und her.

Die kleine Frau sah ihm interessiert dabei zu. „Na dann, bis später", meinte sie schließlich und trippelte den Pfad zum Fluss hinab, ihr erwachsener Sohn dicht hinterher.

Kilkur hatte die Mammutfigur inzwischen über seinen Kopf gehoben und murmelte, wie immer, wenn er seine Riten vollzog, unverständliche Worte. Er verbeugte sich in alle vier Himmelsrichtungen und trat mit einer weiteren Verbeugung unters Felsdach. Dicht unter der hohen Decke war in dem Felsen eine kleine Vertiefung, gerade groß genug für die Figur. Während der Wintermonate wurde Mutter Mammut dort aufbewahrt. Nur wenn sie im Sommer auf Wanderschaft über die Steppen zogen oder wenn Kilkur die Figur für die Jagdriten brauchte, holte man sie von ihrem Stammplatz.

„Hier oben ist sie in Sicherheit", meinte der Schamane. Obwohl er sehr groß war, musste er sich strecken, um die Kuhle in der glatten Felswand zu erreichen. Er lächelte zufrieden. „Auch wenn das Speerorakel Gefahr vorhergesagt hat, wird uns Mutter Mammut beschützen."

„Wann wirst du die Riten vollziehen?", fragte Danbor, während er die Fellbündel von der Schleife lud.

Kilkur wiegte seinen Kopf nachdenklich hin und her. „Frühestens in ein paar Tagen. Bevor ich damit anfangen kann, muss ich allerhand herrichten."

„Wenigstens haben wir hier genug zu essen." Danbor blickte zum Fluss hinab. „Während die Frauen unser Lager einrichten, werden wir Männer das Abendessen fangen."

„Und ich", fügte Kilkur hinzu, „werde zur Heiligen Höhle gehen, um dort nach dem Rechten zu sehen." Er nickte den anderen kurz zu und machte sich auf den Weg.

Viel später, nachdem sie reichlich gebratenen Lachs gegessen und am Lagerfeuer mit den anderen Sippen die neuesten Nachrichten ausgetauscht hatten, kehrten die Kinder zusammen mit den Muschelleuten und ihrer eigenen Sippe zurück unters Felsdach. Es gab genug Platz für alle. Die Frauen hatten mit Ayas Hilfe das Abri am Nachmittag wohnlich eingerichtet. Der Boden war mit Fellen ausgelegt und vor den Eingang hatten sie Häute gehängt, um die Behausung vor den bitterkalten Winterwinden zu schützen. Auf einem niedrigen Felsen flackerte eine Fettlampe. Die Jungen lagen bereits auf der anderen Seite des Unterschlupfs unter ihren Fellen. Zori hatte sich dicht neben dem Eingang zusammengerollt, der Wolf lag trotz Großmutters Proteste wie immer neben ihr. Es war ein anstrengender Tag gewesen und alle waren müde. Aya wollte gerade unter ihr Bärenfell schlüpfen, als die behagliche Ruhe gestört wurde.

„Das darf doch nicht wahr sein!", brüllte Kilkur. „Wo ist Mutter Mammut?"

Alle Blicke richteten sich auf die Nische oben in der Felswand. Sie war leer.

„Das Wolfsmädchen hat sie gestohlen!" Großmutter deutete mit ihren knorrigen Fingern sofort auf Zori, die bereits tief und fest schlief. Sie rüttelte das Mädchen heftig an den Schultern, bis es verschlafen die Augen öffnete.

„Diebin!", rief die Alte mit schriller Stimme. „Wo hast du Mutter Mammut versteckt?"

Doch Zori blieb wie immer stumm, obwohl alle Blicke auf sie gerichtet waren.

„Wenn du weißt, wo die Statue ist", sagte Aya leise, „dann musst du es uns unbedingt sagen. Wir brauchen Mutter Mammut, um zu überleben. Nur mit ihrer Hilfe kann Kilkur die Herden zurückrufen."

Doch Zori schwieg.

Da mischte sich Toki ein. „Sie kann die Figur unmöglich gestohlen haben." Der Junge war sich absolut sicher. „Der vierte Speer des Orakels zeigte auch nicht auf ein Kind, sondern auf einen Erwachsenen. Das Orakel wollte uns davor warnen. Wir müssen anderswo nach dem Dieb suchen."

? *Warum kann es sich nicht um Zori handeln?*

Der Geistermann

Kilkur war am nächsten Morgen ohne Frühstück und schlecht gelaunt zur Heiligen Höhle aufgebrochen. Er war ratlos, wie er ohne Mutter Mammut die Jagdriten ausführen sollte, und wollte die Tiergeister um Beistand bitten.

Lur, Toki und Aya wärmten sich am Lagerfeuer. Zori saß teilnahmslos ein Stück entfernt auf einem Stein. Der junge Wolf neben ihr legte die Schnauze auf seine Pfoten und spitzte wachsam die Ohren. Die Erwachsenen waren bereits zum Fluss hinuntergezogen. Da alle bisher kein Jagdglück gehabt hatten, wollten sie zumindest einen ausreichenden Vorrat an Räucherfisch anlegen.

„Nur mit Fisch werden wir den Winter nie überleben", meinte Aya. Sie stocherte mit einem Ast in der glühenden Asche der Feuerstelle. „Wir brauchen Fleisch und Felle, doch ohne Mutter Mammut kann Kilkur die Herden nicht zurücklocken und ohne die Herden werden wir verhungern und erfrieren. Es ist zum Verzweifeln."

„Wir könnten nach dem Dieb suchen. Einmal war ich ja schon erfolgreich", schlug Lur vor. „Die Einzigen, die infrage kommen, sind sowieso die Muschelleute. Kein Rentiermensch würde uns bestehlen."

"Richtig", stimmte ihm Toki zu. "Die Anderen hätten gestern Abend, als wir alle ums Feuer saßen und plauderten, unbemerkt die Figur stehlen können."

"Aber weshalb sollten sie das tun?" Aya war sich nicht so sicher.

"Ist doch logisch", erwiderte Lur. "Sie haben in den Fluten alles verloren und sind verzweifelt. Da denken sie sicher, dass Mutter Mammut ihr Schicksal ändern könnte."

"Wir sollten sie beschatten." Toki war gleich bei der Sache. "Dann können wir herausfinden, wo sie unsere Figur versteckt haben. Los, kommt!" Er wusste, dass die Muschelleute mit den anderen Erwachsenen unten am Fluss waren.

Am Ufer herrschte reges Treiben. Die Männer hatten bereits die ersten Lachse gefangen, während die Frauen die Fische abschuppten, ausnahmen, sorgfältig im Fluss wuschen und mit Kräutern einrieben. Ein Stück weiter oben hatte man Holzgestelle aufgebaut, auf deren Querstangen bereits gesäuberte Fische hingen. Dicht darunter qualmte feuchtes Holz. Der beißende Rauch ließ den Kindern schon von Weitem die Augen tränen. Doch er war notwendig, denn er verjagte nicht nur lästige Fliegen, sondern würde die Lachse gleichzeitig länger haltbar machen.

Sie fanden die beiden Muschelmänner etwas abseits von den Rentierleuten, doch auch sie hatten Speere in der Hand, mit denen sie auf Lachse zielten.

Belar, das Narbengesicht, stand bewegungslos am Ufer. Nur seine Augen wirkten lebendig. Dann plötzlich stieß er zu. Doch als die Spitze seines Speeres in den Fisch eindrang, löste sie sich vom Schaft.

„Er hat die Spitze nicht richtig verpicht", meinte Lur fachmännisch. „Damit wird er nie etwas erwischen." Doch zum Staunen der Kinder zog der Muschelmann den zappelnden Lachs trotzdem aus dem Fluss. Lur kam interessiert näher, um die Waffe genauer zu begutachten. Zwar hatte sich die Spitze abgetrennt, doch war sie immer noch an einer Sehne lose mit dem Schaft verbunden.

„Hast du noch nie eine Harpune gesehen?", brummte Belar mürrisch und warf den Lachs ans Ufer.

Lehoi, sein Kumpane, war freundlicher. Er zeigte den Kindern die scharfe Spitze seiner Waffe, deren gezackte Seiten Wolfszähnen glichen.

„Das sind Widerhaken", erklärte er. „Die sorgen dafür, dass die Harpunenspitze im Fisch stecken bleibt. Und da sie mit einer Leine am Schaft festgebunden ist, kann die Beute nicht entkommen."

„Harpune?" Lur hatte das Wort noch nie gehört, doch die neue Waffe faszinierte ihn.

Der Muschelmann musterte den Jungen. „Wenn du willst, kann ich dir irgendwann zeigen, wie man eine Harpune baut."

„Das wäre hervorragend!" Lur strahlte. Am liebsten hätte er sofort damit angefangen, doch der Mann begann wieder zu fischen.

„Willst du dich jetzt etwa mit den Muschelleuten verbrüdern?", fragte Toki seinen Bruder, nachdem sie sich außer Hörweite auf einen der Felsen am Ufer gesetzt hatten. „Wir wollen mit ihnen keine Freundschaft schließen, sondern herausfinden, was sie mit Mutter Mammut gemacht haben. Oder hast du das vergessen?"

„Natürlich nicht", erwiderte Lur. „Aber wenn wir uns mit ihnen anfreunden, könnten wir sie gleichzeitig bespitzeln."

Doch obwohl sie sich den ganzen Tag in der Nähe von Belar, Lehoi und Dima aufhielten, verhielten sie sich unverdächtig und erwähnten Mutter Mammut nicht. Am Abend waren die Kinder keinen Schritt weitergekommen.

Es war längst dunkel, als die drei Freunde sich ins Abri zurückziehen wollten.

„Habt ihr Zori gesehen?", fragte Aya besorgt.

„Die ist mit ihrem Wolf schon vor einer Weile zum Unterschlupf hoch", erwiderte Lur, während er mit großen Schritten den Pfad hochstieg. Er war müde und wollte nur noch schlafen. Plötzlich hielt er jäh an. Auch Aya blieb wie versteinert stehen. Nur mit Mühe unterdrückte sie einen Schrei. Ein Stück über ihnen lag der mit Fell verhängte Eingang des Abri. An der Felswand zeichnete sich im Feuerschein der Lagerfeuer ein gigantischer Schatten ab.

„Was ist los?" Toki gähnte ausgiebig, doch dann sah auch er die Silhouette des aufrecht stehenden Rentiers mit dem riesigen Geweih. Wenige Schritte davor konnten sie Zori erkennen, die am Boden kauerte, der zähnefletschende Wolf dicht neben ihr.

„Ein Rentiergeist", flüsterte der Junge.

„Das ist nur ein Trugbild", erwiderte Lur tapfer. „So wie die Schattenfiguren, die wir mit unseren Händen im Feuerschein an die Wände werfen."

Im nächsten Augenblick erhob der Tiergeist drohend die Arme und sprach mit leiser, doch nachdrücklicher Stimme.

„Niemand darf erfahren, wer Mutter Mammut gestohlen hat. Wenn du auch nur ein einziges Wort darüber verlierst, dann wird es dir und deinem vierbeinigen Freund schlimm ergehen." Gleichzeitig führte er einen wilden Tanz auf.

„Das ist weder ein Trugbild noch ein Geist", flüsterte Aya. „Das ist der Schatten eines Menschen. Er sieht genauso aus wie Kilkur, wenn er sich für die Jagdriten als Rentier verkleidet. Los, wir müssen Zori helfen!" Sie hastete das letzte Stückchen des Pfades hoch. Doch so plötzlich der gespenstische Schatten aufgetaucht war, war er auch wieder verschwunden. Bis auf das Stimmengemurmel, das von den Lagerfeuern der Sippen heraufdrang, war nichts mehr zu hören.

Die zitternde Zori kauerte immer noch neben dem Eingang. Aya kniete sich neben sie und streichelte dem Mädchen übers verfilzte Haar.

„Hast du den Mann erkannt?", fragte sie leise, obwohl sie inzwischen wusste, dass es zwecklos war, von Zori eine Antwort zu erwarten.

„Vielleicht war es tatsächlich Kilkur", schlug Lur vor. „Er ist der Einzige, der ein Rentierkostüm besitzt."

„Unsinn", erwiderte Aya. „Jeder kann sich ein Geweih beschaffen. Das war nicht Kilkur, sondern der Dieb. Zori hat etwas gesehen und er wollte sie einschüchtern."

„Wer immer es war", meinte Toki gähnend, „wir werden es jetzt nicht herausfinden. Ich schlage vor, dass wir unsere Nachforschungen auf morgen vertagen. Ich bin müde." Gegen diesen Vorschlag hatten auch die anderen nichts einzuwenden.

Als die Kinder am nächsten Morgen aus dem Unterschlupf krochen, hockte Kilkur im Schneidersitz vor dem Eingang. Er hatte eine Knochennadel in der Hand und untersuchte sein Rentierkostüm nach Rissen. Für die Jagdriten sollte es makellos sein und er musste die geplatzten Nähte flicken. Das Geweih lag neben ihm auf dem Boden.

Als Toki den Kopfputz sah, zog er Lur und Aya auf die Seite. „Vielleicht war er es doch", meinte er.

„Niemals!" Aya war von Kilkurs Unschuld überzeugt.

Lur sagte nichts. Stattdessen ritzte er mit einem Stein die Umrisse eines Geweihs auf den Boden. „Kein Geweih sieht wie das andere aus", erklärte er. „Und ich kann mich noch genau an die Silhouette an der Felswand erinnern. Wenn wir meine Skizze mit Kilkurs Geweih vergleichen, wissen wir, ob er es war."

„Du meinst doch nicht ernsthaft, dass Kilkur etwas damit zu tun hat?"

Lur zuckte mit den Achseln. „Man kann nie wissen."

„Ich tippe nach wie vor auf die Muschelleute", entgegnete Aya.

„Mal sehen, ob du recht behältst." Noch ein paar Striche und Lurs Zeichnung war fertig.

? *Handelt es sich um das gleiche Geweih?*

Mammuträtsel

„Du hast doch nicht ernsthaft daran geglaubt, dass Kilkur etwas mit der Sache zu tun hat?" Aya hob eine Haselnuss auf und warf sie in den Behälter aus Birkenrinde. Die Frauen hatten die Kinder zu den Haselsträuchern geschickt, die neben dem Fluss wuchsen, um Nüsse zu sammeln.

„Natürlich nicht", grinste Lur. „Ich wollte nur sichergehen." Auch er griff nach einer Nuss, doch statt sie in seinen Behälter zu legen, knackte er sie zwischen zwei Steinen und aß sie auf. „Allerdings bin ich überzeugt, dass Zori mehr weiß. Wir sollten unbedingt nachbohren. Auch wenn sie stumm ist, könnte sie uns mit Zeichen erklären, wer der Dieb ist."

„Dazu hat sie viel zu viel Angst." Aya bückte sich, um eine Nuss aufzulesen. „Außerdem, was ist, wenn der Dieb davon erfährt und seine Drohung wahr macht?" Sie hatte einen Strauch entdeckt, der voller reifer Nüsse hing. Man brauchte ihn nur zu schütteln, bis die kleinen braunen Kugeln wie Regentropfen auf den Boden rieselten.

„Wenn wir vorsichtig sind", erwiderte Lur mit vollem Mund, „würde es ihm nie zu Ohren kommen."

„Wo ist sie eigentlich?" Toki, der ebenfalls mehr Nüsse knackte, als zu sammeln, blickte sich nach Zori um. Sie war ihnen gefolgt, doch plötzlich war sie spurlos verschwunden. Zwischen den dichten Büschen hörte man nur ein leises Knacken. Einen Augenblick später entdeckten sie das Wolfsmädchen unter einem Haselstrauch, wo es geschäftig eine Nuss nach der anderen öffnete und sich die Kerne in den Mund stopfte. Der Wolf lag neben ihr auf dem Moos. Als Zori die drei Freunde hörte, blickte sie auf und reichte Aya eine Nuss.

„Danke." Aya lächelte, dann wurde sie ernst. „Zori, du musst uns sagen, wer Mutter Mammut gestohlen hat. Es ist sehr wichtig, denn ohne die Figur kann Kilkur die Riten nicht ordnungsgemäß ausführen. Die Herden werden nicht zurückkehren und wir werden alle verhungern. Du auch."

Zori schüttelte heftig den Kopf. Dann deutete sie zuerst auf die Haselsträucher, danach auf den Fluss und rieb sich den Bauch.

„Klar, Nüsse und Fische gibt es im Überfluss", bestätigte Aya die Gesten des Mädchens. „Aber irgendwann sind auch die Haselsträucher leer und die Lachse zurück ins Meer geschwommen. Um den Winter zu überstehen, brauchen wir die Herden. Nicht nur wegen des Fleischs, sondern auch, um aus den Fellen Jacken und Stiefel zu nähen."

„Nun sag schon. Wer hat die Figur geklaut?" Lur war nicht so geduldig wie seine Cousine. „War es Belar?" Doch das Wolfsmädchen schwieg.

„Es hat keinen Sinn, sie weiter auszufragen", meinte Aya. „Sie hat Angst. Wir müssen ihr mehr Zeit geben." Ebenfalls schweigend fuhr sie fort, Nüsse zu sammeln.

Als die Kinder mit den Behältern voller Haselnüsse ins Lager zurückkehrten, bemerkten sie bereits aus der Ferne, dass etwas nicht stimmte. Kilkur war erst kurz nach dem Mittagessen zur Heiligen Höhle aufgebrochen, um sie für die Riten vorzubereiten. Wieso war er schon jetzt zurück? Wieso fischte niemand und wieso lagen die gefangenen Fische unbeachtet auf dem Felsen?

Der Schamane schritt am Ufer auf und ab, während die Großmutter hinter ihm her trippelte. Sie hielt eine Holzkelle in der Hand, die sie ihm mit gestrecktem Arm anbot.

„Lass mich mit deinem Kräutersud in Ruhe!", fuhr Kilkur sie unsanft an. „Dein Tee kann bestimmt nichts gegen dieses Unheil ausrichten."

„Er würde dir zumindest helfen, wieder klar zu denken", erwiderte die Großmutter, doch Kilkur schob die Kelle grob zur Seite. Die Flüssigkeit landete auf dem Boden und versickerte. Kurz darauf gab der Schamane den anderen Männern der Sippe ein Zeichen, ihm zu folgen. Offensichtlich gab es Wichtiges zu besprechen.

„Was ist passiert?", fragte Lur, als sie neben der alten Frau ankamen.

„Jemand hat die Tierbilder in der Heiligen Höhle beschmiert", erklärte die Großmutter, die die leere Schöpfkelle noch immer in der Hand hielt. „Angeblich hat jemand Handabdrücke darübergemalt. Stellt euch das nur mal vor. Die wunderschönen Bilder vom Auerochsen, vom Mammut und den Pferden!" Sie schüttelte ungläubig den Kopf. „Erst verschwindet Mutter Mammut, dann werden die heiligen Bilder zerstört. Was haben die Geister nur gegen unsere Sippe?"

„Irgendetwas bringt sie tatsächlich gegen euch auf", meinte Iloba stirnrunzelnd. „Ihr müsst herausfinden, was es ist, damit ihr etwas dagegen tun könnt!" Die Frau, die Großmutter von früher kannte, war wirklich besorgt.

Großmutter blickte zum Ufer, wo der Wolf mit seiner Nase in den Fischabfällen schnüffelte. „Wir hätten das stumme Mädchen mit dem Wolf längst verjagen sollen. Es bringt Unglück über unser Lager."

„Zori hat nichts damit zu tun", mischte sich Lur in das Gespräch der alten Frauen ein. „Und es sind auch keine Geister. Es handelt sich um einen Menschen. Erst hat er Mutter Mammut gestohlen, danach hat er die Heilige Höhle entweiht."

„Ein Mensch? Aber wozu würde ein Mensch uns dies antun?" Großmutter blickte ihren Enkel verwundert an.

Lur zuckte mit den Achseln. „Keine Ahnung. Aber mach dir mal keine Sorgen. Wir werden so lange weiter nach Spuren suchen, bis wir wissen, wer hinter all dem steckt." Mehr verriet er nicht, da er Zori auf keinen Fall gefährden wollte.

„Und was soll das bringen: Spurensuche? Denkt ihr etwa, ihr könnt die Geister überlisten?" Iloba schüttelte den Kopf. „Wie kommt ihr nur auf so dumme Gedanken?"

„Aber es sind keine Geister ..." begann Lur, doch Iloba unterbrach ihn.

„An eurer Stelle würde ich die Finger davon lassen. Mit Geistern ist nicht zu spaßen."

„Iloba hat recht", stimmte die Großmutter zu. „Dies ist kein Kinderspiel. Überlasst das mal lieber Kilkur und den Männern." Sie deutete auf die gefangenen Fische, die am Ufer lagen. „Ihr könnt euch anderswo nützlich machen. Es gibt viel zu tun."

Den Rest des Tages verbrachten sie am Flussufer. Großmutter gab ihnen je ein Steinmesser und zeigte ihnen, wie man die schillernden Schuppen von den Lachsen schabte.

„Am besten, ihr haltet den Fisch am Schwanz fest", erklärte sie. „Danach müsst ihr das Messer mehrmals kräftig gegen die Laufrichtung der Schuppen ziehen. So einfach ist das." Sie beobachtete die drei eine Weile und als sie mit dem Ergebnis zufrieden war, ging sie zu den Räuchergestellen, um Holz nachzulegen.

„Meinst du wirklich, dass es sich um die gleiche Person handelt?" Toki kratzte mit seinem Schaber halbherzig den Fisch in seiner Hand ab.

„Natürlich." Lur blickte zu den Muschelleuten, die ein Stück flussabwärts neben den Stromschnellen standen. Die Männer zielten mit ihren Harpunen auf Lachse, während die Frau am Ufer kniete. Ein Steinmesser in der Hand, schnitt sie gerade den Bauch eines Lachses auf und holte mit einem Griff die glitschigen Innereien heraus. „Es war bestimmt Belar. Dem Mann würde ich alles zutrauen. Der andere weiß vermutlich gar nichts davon." Lur hatte nicht vergessen, dass Lehoi ihm zeigen wollte, wie man eine Harpune herstellt.

„Mein Vater sagt immer, dass sich alle Probleme durch Kopfarbeit lösen lassen", meinte Aya. „So wie die Rätsel, die sich die Männer am Lagerfeuer stellen. Da weiß auch niemand gleich die Antwort. Wer geduldig nachdenkt, findet jedoch die Lösung."

„Du meinst, wie das Rätsel mit der Mammutherde?" Aya nickte.

„Welches Rätsel?" Toki konnte sich nicht erinnern.

„Man soll ausrechnen, wie viele Mammuts in der Herde sind. Zwei Mammuts trotten hinter einem Leittier her, ein Mammut spaziert zwischen zwei anderen und zwei Mammuts laufen einem Mammut voran."

Toki begann stumm seine Finger zu zählen. Dann blickte er die anderen beiden ratlos an. „Und wie viele Mammuts sollen das sein?"

„Denk nach", erwiderte Aya. „Dann kommst du sicher auf das Ergebnis."

„Nachdenken allein führt nicht immer zu einer Lösung", erwiderte Lur. „Manchmal muss man handeln." Er blickte hinüber zu den Muschelleuten. Belar starrte im gleichen Atemzug zu den Kindern hinüber. Doch schon einen Augenblick später wandte er seinen Blick ab und stach flink mit seiner Harpune zu.

„Auf alle Fälle müssen wir unsere Augen und Ohren offenhalten", murmelte Lur und schuppte weiter den Lachs.

Toki dachte immer noch nach.

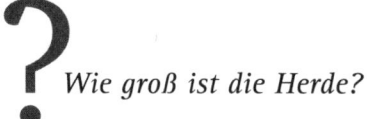

Wie groß ist die Herde?

Vier Finger

Wie jeden Morgen, blieben die Kinder noch länger am Lagerfeuer sitzen. Die Männer und Frauen hatten längst unten am Fluss mit der Arbeit begonnen. Zori und ihr Wolf waren vor einer Weile Richtung Haselsträucher aufgebrochen.

„Ich will auf keinen Fall wieder den ganzen Tag lang Fische säubern!", beschwerte sich Toki, als ein Junge mit einer viel zu großen Felljacke den Pfad hochkam. Er war mit seiner Sippe erst gestern im Tal angekommen.

„Die Alte hat mich geschickt", erklärte er und reichte Lur einen kleinen Lederbeutel. „Sie hat gesagt, dass ihr den Beutel eurem Schamanen bringen sollt. Er ist in einer Höhle am anderen Ende der Schlucht, dort wo sich der Fluss krümmt. Der Eingang sieht aus wie ein Halbmond und ist leicht zu finden."

„Ist Kilkur nicht zur Heiligen Höhle gegangen?" Neugierig zog Lur den Verschluss des Beutels auf. Er war randvoll mit blutroten Farbpigmenten.

Der Junge zuckte mit den Achseln. „Keine Ahnung. Ich wiederhole nur, was die Alte mir aufgetragen hat."

„Komisch", wunderte sich auch Aya, nachdem der Junge wieder gegangen war. Sie hatte gesehen, wie Kilkur kurz nach Sonnenaufgang mit einem Bündel neuer Pinsel losgezogen war. „Ich dachte, er wollte die Bilder in der Heiligen Höhle ausbessern. Die Höhle, die der Junge beschrieben hat, liegt genau in der entgegengesetzten Richtung."

„Vielleicht hat er sich entschlossen, ganz von vorne zu beginnen und eine neue Höhle zu bemalen", schlug Toki vor.

„Kilkur wird schon wissen, was er tut", erwiderte Lur. „Los, kommt! Er wartet sicher auf seine Farbe."

Der Weg durch die Schlucht war mühsam. Sie mussten über Geröll und Felsen klettern, bis sie endlich am anderen Ende ankamen. Wenigstens hatten sie den Eingang gleich gefunden: ein perfekter Halbmond, mit Gestrüpp auf beiden Seiten. Aya schob ein paar lose Steine auf die Seite. Der Gang, der in den Felsen hineinführte, war so niedrig, dass selbst sie sich bücken musste. Sie trat als Erste ein, blieb aber schon kurz darauf stehen.

„Es ist stockfinster. Man kann absolut nichts sehen."

„Kilkur kann nicht weit sein", ermutigte sie Lur. „Und er hat bestimmt eine Lampe."

Schritt für Schritt tasteten sie sich weiter in die Dunkelheit vor.

Nur wenig später blieb Aya abermals stehen. „Riecht ihr das auch? Dieser Gestank ist unerträglich!"

Doch obwohl ihr davon fast übel wurde, ging sie mit zugehaltener Nase weiter. Dann hielt sie plötzlich an. Ganz nah ertönte ein tiefes Brummen, das in der ganzen Höhle widerhallte. Auch Lur und Toki hatten es gehört.

„Raus hier!", brüllte der ältere. „Das war ein Höhlenbär!" Blitzschnell drehte er sich um und stürmte aus der Höhle. Die anderen folgten dicht hinterher. Erst als sie das Birkenwäldchen erreicht hatten und die Höhle außer Sichtweite war, blieben sie atemlos stehen.

„Großmutter hat sich in der Höhle geirrt", stellte Toki entsetzt fest.

„Das würde ihr nie passieren!" Aya war wütend. „Wir sollten uns lieber den Jungen vorknöpfen. Vermutlich sitzt er gerade mit seinen Freunden im Gebüsch und lacht sich schief."

Doch Lur hatte eine andere Theorie. „Vielleicht hat der Geistermann bemerkt, dass wir ihm nachspionieren, und wollte uns aus dem Weg schaffen. Er hat den Jungen nur benutzt, um uns in die Bärenhöhle zu locken."

„Das lässt sich leicht überprüfen", meinte Toki. „Da Kilkur nicht in der Halbmondhöhle war, ist er bestimmt in der Heiligen Höhle. Wir brauchen nur dorthin zu gehen und ihn zu fragen, ob er wirklich Farbpigmente braucht."

Aya wollte gerade zustimmen, doch sie kam nicht dazu. Jemand packte sie von hinten am Arm. Erschrocken wirbelte sie herum. Der Schreck der Halbmondhöhle steckte ihr immer noch in allen Gliedern. Doch es war kein Bär, sondern das Wolfsmädchen.

„Was ist denn mit dir los?", wandte Toki sich an Zori. „Hast du Zauberpilze gegessen?"

Tatsächlich führte Zori einen wilden Tanz auf. Dabei hielt sie ihre Arme dicht an den Kopf gepresst, die Hände wie verzweigte Äste gekrümmt.

„Sie will uns etwas mitteilen. Endlich!" Aya hatte das Wolfsmädchen sofort verstanden.

„Sind die Rentierherden zurück?", fragte Lur, denn die ausgestreckten Arme erinnerten ihn an ein Geweih. Zori blickte sich ängstlich um, dann schüttelte sie den Kopf.

„Willst du uns etwas über den Geistermann sagen?", riet Aya.

Zori senkte die Arme und nickte. Wieder sah sie wachsam um sich. Sobald sie sicher war, dass niemand in der Nähe war, deutete sie auf ihre rechte Hand und knickte einen Finger so ab, als hätte sie nur vier Finger.

Lur musterte Zoris Finger, deren Nägel schwarz vor Dreck waren. Er hatte immer noch nicht kapiert, was sie ihnen sagen wollte. Doch Aya hatte es erfasst.

„Der Geistermann hat nur vier Finger."

Zori nickte heftig, doch schon einen Augenblick später waren das Mädchen und der Wolf im Unterholz verschwunden. Jetzt hörten auch die anderen Schritte, die sich deutlich näherten.

Gleich darauf tauchte zwischen den Birken ein Mann auf. Es war Izar, Ilobas Sohn. Er blickte die

Kinder verwundert an, nickte ihnen wortlos zu und stapfte weiter Richtung Lager.

„Zori!", rief Aya, als der Mann außer Sichtweite war. „Du kannst zurückkommen. Das war nur Izar." Doch das Mädchen und ihr Wolf blieben verschwunden.

„Sie hätte uns ruhig mehr verraten können", schimpfte Toki.

„Wenigstens wissen wir, dass dem Geistermann ein Finger fehlt", erwiderte Lur. „Da er und der Dieb identisch sind, müssen wir nur nach einer Person mit vier Fingern suchen. Das kann nicht schwer sein."

„Einem der Muschelmänner fehlt der Mittelfinger", verkündete Aya.

„Belar!", rief Lur. „Ich wusste es doch gleich, dass man dem Mann nicht trauen kann."

„Nein, nicht Belar", erwiderte Aya. „Es war der andere."

„Was?" Beide Jungen starrten das Mädchen ungläubig an. Doch Aya war sich absolut sicher.

„Ich habe es genau gesehen, als er erklärte, wie eine Harpune funktioniert."

„Lehoi? Niemals!" Lur wollte nicht glauben, dass es sich bei dem netten Muschelmann um den Geistermann handeln sollte. „Vielleicht wollte er ja nur Belar beschützen", schlug er vor, „und hat sich deshalb als

Rentier verkleidet. Oder vielleicht kann Zori nicht richtig zählen."

„Sie hat uns deutlich gezeigt, dass es sich um einen Mann mit vier Fingern handelt", erwiderte Aya. „Statt hier untätig herumzustehen, sollten wir schleunigst zu Kilkur, um ihm davon zu berichten. Dann kann er entscheiden, was als Nächstes zu tun ist."

Wenig später standen sie vor der Heiligen Höhle.

„Was, wenn Kilkur doch nicht in der Heiligen Höhle ist und uns stattdessen der Geistermann auflauert?" Aya waren Höhlen auf einmal unheimlich.

„Die Muschelmänner sind beide am Fluss", beruhigte sie Toki. „Mach dir keine Sorgen." Trotzdem war auch er erleichtert, dass die Heilige Höhle innen mit steinernen Fettlampen erleuchtet war. Das war ein sicheres Zeichen, dass der Schamane sich dort aufhielt.

Die Kinder hatten die Heilige Höhle bereits mehrmals zuvor besucht – immer dann, wenn Riten stattfanden, an denen auch die jüngeren Sippenmitglieder teilnehmen durften. Doch alleine waren sie noch nie hier gewesen. Der Weg ins Innere der Höhle war leicht zu finden. Sie mussten nur dem Gang folgen, der sich wie der Lachsfluss durch den Felsen schlängelte und mit den flackernden Lampen beleuchtet war, die der Schamane hier aufgestellt hatte. Der Gang mündete in eine Halle und plötzlich waren sie umringt von wilden Stieren, Rentierherden, Mammuts und Auerochsen. Sie hatten das Zentrum der Heiligen Höhle erreicht. Doch etwas war anders als sonst.

„Die schönen Bilder", flüsterte Aya. Zwar konnte man die Tiere noch erkennen, doch sie waren alle mit Handabdrücken überdeckt.

„Dabei war Lehoi so nett zu mir." Lur konnte es immer noch nicht fassen. „Er wollte mir zeigen, wie man eine Harpune baut."

„Es war nicht der Muschelmann", erklärte Aya nach einer Weile. „Er kann es nicht gewesen sein."

Lur verstand nicht. „Aber du hast es doch selbst gesagt, dass der Mann nur vier Finger hat." Er deutete auf die Abdrücke. „Oder kannst du nicht mehr bis vier zählen?"

„Doch!" Aya bestand darauf. „Es war jemand anderes."

? *Was ist Aya aufgefallen?*

Geheimgang

„Obwohl sie verschmiert sind", flüsterte Toki ehrfurchtsvoll, „sehen die Pferde immer noch wie echt aus." An der Wand neben ihm galoppierte eine Herde, die sich im flackernden Lampenlicht scheinbar bewegte.

Auch Lur und Aya bestaunten die Tierbilder. Man spürte, dass es sich um einen heiligen Ort handelte. Sie fühlten sich fehl am Platz – als täten sie etwas Verbotenes.

„Wo ist Kilkur?", durchbrach Lurs Stimme die Stille. Der Schamane war nirgendwo zu sehen, obwohl er seine Werkzeuge neben einer Fettlampe am Boden ausgebreitet hatte. Dort lag auch der Mahlstein, auf dem er bereits farbige Steine zu feinem Pulver zermahlen hatte, daneben mehrere ausgehöhlte Flusskiesel, in denen er Farbpigmente mischte, sowie Pinsel in verschiedenen Größen. Allerdings sah es so aus, als wäre er überstürzt aufgebrochen. Eine der Steinschalen war umgekippt, die rote Farbe wie Blut auf dem Boden vergossen. Auch das Holzgerüst am anderen Ende der Höhle, gleich neben dem Gemälde eines gigantischen Stiers, war umgefallen.

„Kilkur hat angefangen, die Bilder auszubessern."
Lur betrachtete die Felswand hinter dem Gerüst, wo die Hörner und der Stierkopf tatsächlich sorgfältig übermalt worden waren.

Aya nickte, hob die umgekippte Steinschale auf und stellte sie auf einen Felsvorsprung. „Hier hat ein Kampf stattgefunden. Jemand hat ihn bei der Arbeit überrascht, denn Kilkur wäre nie so unachtsam."

Ratlos blickten sich die drei in der Höhle um. Von der Haupthalle führten mehrere Seitengänge tiefer in den Felsen hinein. Nur Schamanen durften diese Gänge betreten. Man sagte, dass sie dort mit den Geistern Kontakt aufnahmen.

„Vielleicht ist er in die Geisterwelt gereist", schlug Toki vor. Er schauderte, denn er glaubte, die Tiergeister hautnah zu spüren. Von überall her starrten ihn Augen an, wie die des Wisents an der Seitenwand, die jeden seiner Schritte verfolgten. Es sah aus, als würde es gleich von der Wand springen, um ihn aufzuspießen.

Im nächsten Moment erklang ein erbärmliches Stöhnen. Misstrauisch musterte Toki das Wisent, doch es hatte sich nicht vom Fleck gerührt.

„Ein Bär!", argwöhnte Lur. „Wir müssen so schnell wie möglich hier raus!" Er hatte keine Lust, schon wieder einem Höhlenbären zu begegnen.

„Das war kein Bär", erwiderte Aya. „Das war ein Mensch." Obwohl sie vor Angst zitterte, griff sie kurzentschlossen nach einer Fettlampe und marschierte zu dem Seitengang, aus dem das Geräusch gekommen war.

Das Mädchen hatte recht. Statt eines Bären fanden sie dort Kilkur. Er lag an Händen und Füßen gefesselt auf dem Boden und hatte einen Knebel im Mund. Von seiner Schläfe rann Blut.

„Was ist geschehen?" Aya kniete sich besorgt neben den Mann, während sie Knebel und Fesseln löste.

Verdutzt blickte er die Kinder an. „Was macht ihr in der Heiligen Höhle?" Er hielt sich den Kopf. „Autsch, mein Schädel brummt."

„Wir haben dir Farbpigmente gebracht." Lur reichte den Lederbeutel.

„Farbpigmente? Aber wozu? Ich habe genug."

„Unsere Großmutter hat uns geschickt."

„Eure Großmutter?" Der Schamane musterte den Beutel. „Ich verstehe nicht. Au!" Er verzog sein Gesicht zu einer Grimasse. „Dieser verdammte Knöchel!" Er zerrte an seinem Fellstiefel.

„Wir sollten uns doch den Jungen vorknöpfen!", schimpfte Aya, während sie Kilkur half, seinen Stiefel vom Fuß zu ziehen.

„Ich glaube, der hatte von nichts eine Ahnung", widersprach Lur. „Der wurde nur vom Geistermann benutzt, um uns in die Bärenhöhle zu locken."

„Von was sprecht ihr?" Kilkur blickte von einem zum anderen. Doch niemand gab eine Antwort. Alle starrten nur auf seinen angeschwollenen Knöchel.

„Der ist sicher gebrochen", meinte Aya.

„Ist nicht so schlimm, wie es aussieht", erwiderte der Schamane. „Wichtiger ist, dass ihr mir genau erzählt, was vorgefallen ist."

Abwechselnd berichteten die Kinder ihm von ihren

Ermittlungen. Von Zori, die gesehen hatte, wer Mutter Mammut gestohlen hatte, von dem Geistermann, der sie bedrohte, und davon, dass der gleiche Mann die Höhlenwände verschmiert hatte.

Als die Kinder ihren Bericht beendet hatten, versuchte Kilkur zu schildern, was in der Heiligen Höhle vorgefallen war. Wegen seiner Kopfverletzung konnte er sich nur schwer konzentrieren, doch er wusste, dass er sich unbedingt an jede Einzelheit erinnern musste.

„Ich stand auf dem Gerüst und war gerade dabei, den Stier auszubessern", fing er an, „als ich hinter mir ein Geräusch hörte." Er rieb seinen verstauchten Knöchel. „Erst dachte ich, mir sei ein Rentiergeist erschienen, doch ich merkte gleich, dass es sich nur um einen verkleideten Menschen handelte."

„Hast du ihn erkannt?"

„Er hatte ein Fellstück vorm Gesicht. Da konnte ich nichts sehen. Ich weiß auch nicht, ob seine Finger vollzählig waren. Alles ging viel zu schnell. Er zog mich vom Gerüst.

Dummerweise knickte mein Knöchel um, als ich auf dem Boden landete. Mit der Verletzung hatte ich keine Chance mehr, mich gegen den Mann zu wehren. Dann spürte ich einen Schlag auf den Kopf und alles wurde schwarz um mich." Er rieb sich die Schläfen. „Mir ist immer noch ganz schwindlig."

„Was hat der Mann nur gegen uns?" Aya verstand nicht. „Erst klaut er Mutter Mammut, anschließend verschmiert er die Höhlenwände und dann versucht er dich zu töten."

„Ich weiß es auch nicht", erwiderte der Schamane. „Meine Erinnerung ist nebelhaft. Aber ich hörte seine Stimme wie aus weiter Ferne. Vermutlich dachte er, ich sei tot, und er plapperte einfach vor sich hin."

„Was hat er gesagt?", hakte Lur nach.

Kilkur überlegte. Plötzlich schnappte er nach Luft. „Ich muss unbedingt mit Danbor sprechen!", keuchte er. „Der Mann will ihn umbringen." Dann blickte er bekümmert auf seinen geschwollenen Knöchel. „Damit werde ich allerdings nicht sehr weit kommen." Er musterte die Kinder. „Ihr müsst so schnell wie möglich zurück zum Lager, um Danbor von dem geplanten Anschlag zu berichten. Zwar habe ich keine Ahnung, was der Geistermann vorhat, doch sobald Danbor gewarnt ist, kann er sich selber schützen."

Lur und Toki wollten schon losziehen, als sie der Schamane zurückhielt. „Wartet! Ihr dürft auf keinen Fall durch den Haupteingang. Falls der Mann aus irgendeinem Grund zurückkommt, würdet ihr ihm direkt in die Arme laufen. Ihr müsst den Geheimausgang benutzen."

„Den Geheimausgang?" Keiner der drei hatte je davon gehört.

Kilkur stöhnte vor Schmerz, dann fuhr er fort: „Bis auf Danbor weiß sonst niemand davon." Er kramte in einem Beutel, der um seine Schulter hing, und zog eine flache Knochenplatte heraus. „Reich mir die Lampe", wies er Aya an.

Auf dem Knochen, der vom Schulterblatt eines Rentiers stammte, waren unzählige Linien eingeritzt, die alle von einem ovalen Mittelpunkt, in dem ein Mammut abgebildet war, ausgingen.

„Dies ist ein Plan der Heiligen Höhle", erklärte der Schamane. „Man kann die Haupthöhle mit den Bildern und die verschiedenen Gänge sehen. Der Haupteingang ist mit einem Kreis und einem Pfeil gekennzeichnet. Ihr müsst jedoch den Weg wählen, der zum anderen Ausgang führt."

„Und was ist mit dir?", fragte Aya besorgt. „Deine Kopfverletzung und dein Bein sehen nicht gut aus. Wir können dich nicht einfach zurücklassen."

„Schickt eure Großmutter zu mir. Sie kann sich um meine Wunden kümmern. Doch zuerst müsst ihr Danbor warnen. Sein Leben hängt davon ab!"

„Und falls der Geistermann zurückkommt?" Aya zögerte noch immer.

„Dann stelle ich mich einfach tot. Macht euch um mich keine Sorgen. Und jetzt beeilt euch. Jeder Augenblick zählt!"

Aya folgte den Jungen zurück in die Haupthöhle. Lur hielt dort bereits eine Lampe über die Knochenplatte.

„Man kann fünf Gänge sehen, die aus der bemalten Haupthöhle führen", erklärte er. „Allerdings habe ich keine Ahnung, welcher der richtige ist."

„Wir dürfen uns auf keinen Fall verlaufen", meinte Aya besorgt.

Doch Toki zog sorgfältig die Linien mit seinem Zeigefinger nach. Schon einen Augenblick später grinste er übers ganze Gesicht. „Ich weiß, welchen Gang wir nehmen müssen. Es ist dieser hier."

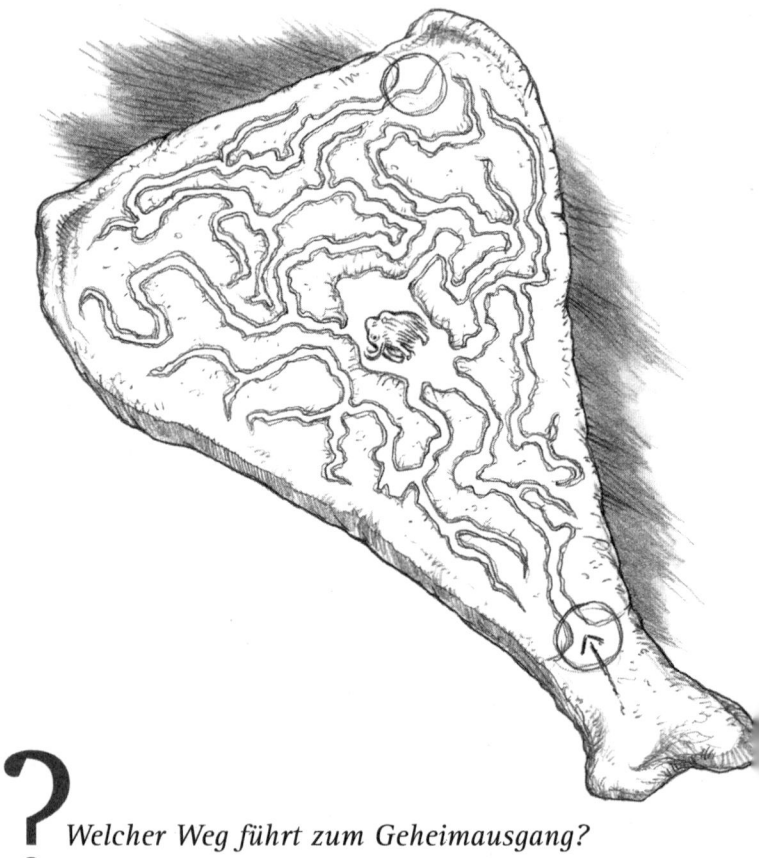

? *Welcher Weg führt zum Geheimausgang?*

Die Stromschnellen

Als sie endlich im Lager ankamen, waren die Männer nirgendwo zu sehen. Nur einige Frauen waren am Ufer immer noch mit den Lachsen beschäftigt. Auch ihre Großmutter hockte mit einem Schaber in der Hand auf dem Boden.

„Wo ist Danbor?", fragte Aya.

„Er und die anderen Männer haben sich entschlossen, zur Jagd zu gehen", erklärte sie, während sie die glitzernden Schuppen von einem besonders fetten Exemplar schabte. „Sie hatten wohl alle die Nase voll von dem ewigen Fisch." Sie drehte den Lachs um und schuppte die andere Seite.

„In welche Richtung zogen sie?", drängte Aya.

„Ich habe Wichtigeres zu tun, als die ganze Zeit die Männer zu beobachten." Sie musterte die drei. „Und für euch gäbe es auch allerhand Nützliches zu tun, anstatt in der Gegend herumzustreunen."

„Wir müssen unbedingt mit Danbor sprechen!"

„Da bleibt euch nichts anderes übrig als zu warten, bis er zurückkommt." Sie deutete schmunzelnd auf einen Haufen Lachse neben ihr. „Bis dahin könnt ihr Fische ausnehmen."

„Aber wir müssen ihn warnen!", stieß Lur hervor. „Es geht um Leben und Tod. Der Geistermann ist hinter ihm her!"

„Was?" Großmutter hörte mit dem Schaben auf und blickte den Jungen verdutzt an. „Was meinst du?"

Er berichtete der Großmutter, was geschehen war.

„Bei der heiligen Mutter Mammut!", rief sie und ließ Fisch und Schaber liegen. „Wieso sagt ihr das nicht gleich?" Sie stand auf. „Ich muss sofort meinen Medizinbeutel holen. Der arme Kilkur."

„Und was ist mit Danbor?"

„Ich habe wirklich keine Ahnung, wohin die Männer gezogen sind. Wir können nur hoffen, dass ihm nichts passiert." Dann musterte sie ihre Enkel eindringlich. „Es ist wohl besser, wenn ihr außer unserer Sippe niemandem von der Sache erzählt. Man weiß nie, wem man trauen kann."

„Hast du uns heute Vormittag zu Kilkur geschickt?", fragte Aya noch, obwohl sie längst ahnte, wie Großmutters Antwort lauten würde.

„Wie kommst du denn auf diesen Unsinn? Er wollte die Höhlenbilder ausbessern, da wärt ihr doch nur im Weg." Kopfschüttelnd stapfte sie den Pfad hoch.

„Sei vorsichtig!", rief Aya ihr hinterher. „Der Geistermann könnte zurückkehren." Doch sie war bereits außer Hörweite.

„Da wir nichts anderes tun können, als auf Danbor zu warten, sollten wir uns wenigstens den Jungen vorknöpfen." Toki hatte ihn am Flussufer entdeckt. Er versuchte gerade, mit einem Speer nach einem Lachs zu zielen.

„Nichts lieber als das." Aya marschierte bereits auf ihn zu. „Wieso hast du uns in die falsche Höhle geschickt?", fragte sie ihn geradeheraus.

Der Junge blickte überrascht auf. „Ich habe euch nur ausgerichtet, was die alte Frau mir aufgetragen hat."

„Es ist zwecklos, uns anzulügen. Wir wissen genau, dass sie es nicht war."

„Aber ihr könnt sie selber fragen", verteidigte er sich. Er sah sich um, dann fiel ihm etwas ein. „Sie zog vor einer Weile mit den anderen Frauen los, um Wurzeln zu sammeln."

„Was?" Aya blickte ihn verwundert an. „Von welcher Alten sprichst du?"

„Ich weiß nicht, wie sie heißt", erklärte der Junge. „Aber ihr kennt sie. Sie hat fast keine Zähne mehr und unterhält sich oft mit der Alten aus eurer Sippe."

„Iloba!", stieß Aya hervor. „Du meine Güte. Wie kann das möglich sein?"

Der Junge zuckte mit den Achseln und fischte weiter.

„Jetzt verstehe ich überhaupt nichts mehr", murmelte Toki, nachdem sie ein Stück weitergelaufen waren. „Erst dachten wir, der Junge hätte uns aus Blödsinn in die Höhle geschickt, dann meinten wir, dass es der Geistermann war, um uns aus dem Weg zu schaffen, und plötzlich soll es Iloba gewesen sein. Was stimmt denn jetzt?"

Auch Lur konnte sich die kleine verhutzelte Frau nicht als Rentier verkleidet vorstellen. Und als Dieb kam sie noch weniger infrage. „Iloba kann es nicht gewesen sein", meinte er. „Sie ist viel zu klein."

„Ihr Sohn wäre groß genug", bemerkte Aya. „Außerdem wusste die Alte genau, dass wir nach dem Täter suchten. Damit wir Izars Mordpläne nicht frühzeitig durchkreuzen konnten, hat sie uns in die Bärenhöhle gelockt."

„Izar!" Lur schlug sich mit der Hand gegen die Stirn. „Natürlich! Der Mann ist uns sogar auf dem Weg zur Heiligen Höhle begegnet. Vermutlich kam er geradewegs von Kilkur. Kein Wunder, dass er uns so seltsam angestarrt hat. Er dachte, wir seien in der Bärenhöhle."

Wütend schritt Lur weiter das Ufer entlang. „So ein Mammutmist, dass wir nicht die geringste Ahnung haben, wo wir Danbor finden können!"

Ein lautes Schluchzen ließ die Kinder aufhorchen. Inzwischen hatten sie die Stromschnellen erreicht. Hier sprudelte der Fluss über Felsen, neben denen das Wasser gefährliche Strudel bildete. Man konnte zwar noch die Rauchfahnen der Fischfeuer im Lager sehen, doch die Stimmen der Frauen wurden vom Rauschen des Wassers übertönt. Das Schluchzen dagegen kam ganz aus der Nähe.

„Zori." Aya entdeckte das Wolfsmädchen zuerst. Sie kauerte am Boden, ihr Gesicht im Fell des Wolfs vergraben. Das junge Tier lag bewegungslos auf dem Boden. „Was ist geschehen?" Aya kniete sich neben Zori und strich ihr übers Haar.

Zori blickte auf, ihr Gesicht tränenverschmiert, und deutete auf die Flanke des Wolfs. Man konnte dort eine tiefe blutige Wunde sehen. Erst dachte Aya, dass das Tier tot war, doch der Wolf öffnete seine Augen und leckte zaghaft Zoris Hand.

„Wir müssen die Wunde auswaschen", erklärte Aya fachmännisch. Sie hatte Großmutter oft genug zugesehen, wie sie die Wunden der Sippenmitglieder verarztete. Sie wies Zori an, mit ihren Händen Wasser vom Fluss auf die Wunde zu schöpfen, während sie sich selbst umsah. Es dauerte nicht lange, bis sie gefunden hatte, was sie suchte: eine Pflanze mit langen Blättern, die riesigen Speerspitzen glichen. Sie stopfte sich eines der grünen Blätter in den Mund und zerkaute es zu Brei, den sie anschließend auf die saubere Wunde spuckte und verstrich. Danach legte sie mehrere Blätter darauf und band alles mit langen Gräsern fest. Der Wolf ließ sich alles gefallen, winselte nur hin und wieder leise.

„Mach dir keine Sorgen", tröstete sie Zori. „Die Blätter sind blutstillend und werden helfen, die Wunde zu heilen."

Zori blickte Aya dankbar an. Doch plötzlich verzog sich ihr Gesicht zu einer wilden Grimasse. Das verschüchterte Wolfsmädchen schien sich in ein wildes Tier zu verwandeln.

„Izar!", stieß sie mit heiserer Stimme hervor.

Die drei Freunde starrten Zori an, als sei sie ein Geist.

„Böser Mann!", platzte es heiser aus ihr heraus. Und plötzlich war das stumme Wolfsmädchen wie verwandelt, fast als hätte es ein Zauber davon abgehalten zu sprechen. Es redete wie ein Wasserfall.

„Er stahl eure Mammutfigur. Ich weiß, ich hätte es euch sagen sollen, doch der Rentiergeist drohte mir, den Wolf zu verletzen, wenn ich auch nur ein Wort verriete." Zori streichelte den Wolf. „Er ist alles, was ich noch habe. Meine Geschwister, meine Eltern, alle

wurden von der großen Welle verschluckt. Jedenfalls entschloss ich mich dann doch, euch wenigstens das mit den Fingern zu sagen. Dummerweise sah Izar mich dabei und lauerte mir und dem Wolf wenig später auf."

„Du kannst sprechen?" Lur starrte Zori mit offenem Mund an.

Sie nickte. „Als alle starben, habe ich mich so leer und alleine gefühlt. Meine Wörter waren plötzlich auch verschwunden. Doch als Izar meinen Wolf angriff, kam meine Stimme wieder. Ich musste ihn doch verteidigen – er ist noch so jung und kann sich nicht wehren."

„Weißt du, wo er jetzt ist?"

Sie nickte und deutete auf die andere Seite des Flusses. „Er ist mit den anderen Männern über den Fluss, um nach Wild zu suchen. Sie haben sich getrennt. Izar und euer Anführer sind Richtung Sonnenaufgang gezogen."

„Verfluchter Mammutmist! Wir müssen sofort hinterher!" Lur rannte bereits aufs Flussufer zu, um durch den Fluss zu waten. „Danbor ist in Gefahr!"

„Nicht hier!" Zori hielt ihn zurück. „Das Wasser ist zu tief."

„Quatsch", erwiderte der Junge. „Hier liegt ein umgefallener Baumstamm, über den können wir leicht ans andere Ufer klettern."

Doch Zori bestand darauf, eine andere Stelle zu suchen.

? *Wieso will Zori den Fluss nicht hier überqueren?*

Danbor in Gefahr

Zori stapfte zielstrebig flussaufwärts, wo der Fluss viel seichter war als bei den Stromschnellen. Zögernd sah sie sich nochmals nach dem Wolf um. Er lag bewegungslos neben dem Gestrüpp, die Augen geschlossen.

„Es wird ihm bald wieder besser gehen", tröstete sie Aya leise.

Danach wateten die Kinder durch den eiskalten Fluss.

Auf der anderen Seite angekommen, blickte Toki skeptisch Richtung Sonnenaufgang.

„Und jetzt?" Vor ihnen erstreckten sich unzählige Hügel, einer hinter dem anderen. Das Gelände dazwischen sah wie harmloses Grasland aus, doch war es nicht einfach zu überqueren. Wer vom Weg abkam, würde im sumpfigen Boden versinken.

Da deutete Zori aufgeregt auf den Hügelkamm. Hinter mehreren verkrüppelten Birken waren zwei Männer aufgetaucht. Als sie jedoch näher kamen, erkannten sie, dass es nur die Muschelmänner waren.

„Was macht ihr hier?" Verwundert blickte Lehoi die Kinder an.

Obwohl die Großmutter ihnen nahegelegt hatte, niemanden einzuweihen, entschloss sich Lur, den Männern zu berichten, was geschehen war. Sie würden jede Hilfe gebrauchen können.

„Die beiden wollten zu irgendwelchen Klippen gehen, um nach Wild zu suchen", sagte Lehoi.

„Die Mammutklippen!", rief der Junge erschrocken. Sein Vater hatte ihm oft von den Klippen erzählt. Früher hatten die Männer dort Mammuts mit lautem Geschrei, Feuerfackeln und Speeren auf die Felsen zugetrieben. Nichts ahnend waren die riesigen Tiere in die Tiefe gestürzt und alles, was den Jägern zu tun blieb, war, sie zu zerlegen und die Beute zurück ins Lager zu schleppen.

Toki wusste gleich, was sein Bruder dachte. Die Klippen wären der ideale Platz, auch einen Menschen in den Tod zu stürzen. Sie mussten schleunigst zu Danbor, um ihn zu warnen.

Doch Belar hatte bereits angefangen, sich nach Spuren umzusehen. Wortlos, den Blick auf den Boden gerichtet, stapfte er einen steilen Pfad hoch, der mit Flechten überzogenen Felsblöcken gesäumt war.

„Hier lang!", brummte er und gab den anderen ein Handzeichen, ihm zu folgen. Hin und wieder kniete er sich hin, um nach abgebrochenen Grashalmen oder anderen Zeichen zu suchen. Danbor hatte die Muschelleute großzügig in seiner Sippe aufgenommen, jetzt waren sie an der Reihe, ihm zu helfen.

Es dauerte nicht lange und sie hatten die Mammutklippen erreicht. Auf der einen Seite stieg die Landschaft sanft zu einer Anhöhe an, doch am anderen Ende fiel der Boden senkrecht in die Tiefe. Obwohl Izar nirgendwo zu sehen war, eilte Zori zielstrebig den Hang hoch. Sie war kaum wiederzuerkennen, denn sie sprühte plötzlich vor Energie.

Zori wollte ihren Wolf rächen. Nichts konnte sie davon abbringen. Unvermittelt hielt sie an.

„Hinter dem Felsen!", wisperte sie, doch bevor sie loslaufen konnte, hatte Belar sie schon an der Schulter gepackt. Stumm schüttelte er den Kopf und machte den Kindern mit einer Geste deutlich, sich nicht von der Stelle zu bewegen. Stattdessen pirschten sich die beiden Muschelmänner lautlos heran, wie Jäger, die einem wilden Tier nachstellen.

Die Kinder ignorierten Belars Befehl und schlichen trotzdem hinterher. Schon einen Augenblick später konnten auch sie Izar und Danbor sehen.

Izar hatte seinen Speer auf Danbor gerichtet, dessen eigene Waffe auf den Boden gefallen war. Die Naht von Danbors Felljacke war aufgerissen und aus dem Riss sickerte Blut. Sein rechter Arm hing schlaff herab und eine Handbreit hinter ihm gähnte der Abgrund. Einen Augenblick schien die Zeit stillzustehen, doch dann ging alles blitzschnell. Izar holte mit seinem Speer aus. Belar versuchte gleichzeitig mit seiner Harpune auf ihn zu zielen, doch dann hielt er jäh inne. Zori war dem Muschelmann mitten in die Schusslinie gelaufen. Mit lautem Gebrüll stürzte sie auf Izar, sprang auf seinen Rücken und klammerte sich an ihm fest.

Der Speer verfehlte Danbor nur knapp und flog in die Schlucht. Izar, der nicht sehen konnte, was ihn angegriffen hatte, tanzte wie ein Besessener auf der Stelle. Inzwischen hatten sich auch die Jungen auf ihn gestürzt und hämmerten mit geballten Fäusten auf ihn ein.

Aya dagegen hatte anderes im Sinn. Ihr war aufgefallen, dass Izar etwas in seiner freien Hand gehalten hatte. Als Zori ihn angriff, fiel der Gegenstand auf die Erde und schlitterte über den Boden Richtung Felsrand. Auf dem Bauch kroch sie zum Rand der Klippe. Dort, dicht neben dem Abgrund, lag eine handgroße Figur. Es war Mutter Mammut. Ehrfurchtsvoll hob Aya sie auf und brachte sie zu Danbor.

„Donnerwetter", murmelte er, während sein Blick zwischen den Kindern und Mutter Mammut hin und her wanderte. Vor Staunen fehlten ihm die Worte.

Eine Woche später saßen die Kinder am Flussufer, um den Frauen zu helfen. Obwohl sie Mutter Mammut wiedergefunden, die beiden Verbrecher gestellt und Danbor vor einem Sturz in die Tiefe gerettet hatten, waren die Rentierherden immer noch nicht zurückgekehrt. Die einzige Jagdbeute, die die Männer außer ein paar Kaninchen ins Lager gebracht hatten, war Izar gewesen. Wenigstens gab es immer noch Lachse im Überfluss.

„Hoffentlich hat Kilkur die Tiergeister umgestimmt", murmelte Toki, während er ein Steinmesser in den Bauch eines Lachses stieß, um ihn aufzuschlitzen. „Ich kann die Fische bald nicht mehr riechen."

Am Vortag war der Schamane mit ein paar ausgewählten Männern zur Heiligen Höhle aufgebrochen, um endlich die Jagdriten durchzuführen. Obwohl er es nicht geschafft hatte, alle Bilder auszubessern und er immer noch hinkte, bestand er darauf, diese Aufgabe selbst zu übernehmen. Die

Wintersterne, die nachts erstmals deutlich am Himmel zu sehen waren, galten als ein günstiges Zeichen. Heute waren die Männer dann guten Mutes zur Jagd gezogen.

„Ich mag Fisch", erwiderte Zori, die inzwischen ihre Sprache voll und ganz wiedergefunden hatte. „Obwohl der Wolf euer Trockenfleisch vorzieht." Das Tier kauerte dicht neben ihr auf dem Boden. Seine Wunde war gut verheilt und wie das Mädchen hatte er die Scheu vor den Menschen verloren.

Iloba und Izar hatte man für immer aus dem Rentierklan verstoßen. Mutter und Sohn mussten bereits am Tag nach der Attacke das Lager verlassen. Ohne ein Wort des Abschieds zogen sie Richtung Schneeberge davon. Ob sie alleine den Winter überleben würden, stand in den Sternen geschrieben.

„Ich verstehe immer noch nicht, wieso Izar unseren Schamanen und den Anführer ermorden wollte." Toki legte den ausgenommenen Fisch auf die Seite.

„Die Alte hat ihren Sohn dazu angestiftet", erklärte Aya. Sie hatte gestern ein Gespräch zwischen der Großmutter und ihrer Mutter mitgehört.

„Aber wieso? Was hatte sie gegen die Männer?" Auch Lur verstand nicht, wieso die alte Frau Kilkur und Danbor aus dem Weg schaffen wollte.

„Vor vielen Jahren", fing Aya an, „war Danbors Bruder Ilobas Mann gewesen. Doch er wurde bei einem Jagdunfall von einem Auerochsen aufgespießt."

„Ich weiß", unterbrach Toki. „Und danach zog sie zurück zur Sippe ihres Vaters. Allerdings ist das kein Grund, jemanden zu ermorden."

„Die Alte ist nicht mehr richtig im Kopf", fuhr Aya fort. „Sie war überzeugt, dass Danbor und Kilkur Schuld am Tod ihres Mannes hatten. Sie wollte nicht wahrhaben, dass es ein Unfall war. Und als sie dann nach Jahren auf unsere Sippe stieß, heckte sie einen Racheplan aus. Und der dumme Izar glaubte seiner Mutter jedes Wort."

„Gut, die Frau war verrückt, allerdings begreife ich immer noch nicht, wieso Izar erst Mutter Mammut gestohlen und danach die Höhlenbilder verschmiert hat. Wäre es nicht einfacher gewesen, gleich Kilkur und Danbor zu töten?"

„Iloba wollte auf keinen Fall den Verdacht auf sich und ihren Sohn lenken. Deswegen haben sie diesen verzwickten Plan ausgeheckt. Sie wollten uns weismachen, wir hätten die Tiergeister gegen uns aufgebracht."

Plötzlich kam lautes Rufen von der anderen Seite des Flusses.

„Die Herden sind zurück!" Zwischen den Birken tauchten die ersten Männer auf. Auf ihren Schultern schleppten sie Äste, an denen Rentiere baumelten.

„Mmmh, Rentierbraten", murmelte Toki. „Mir läuft schon bei dem Gedanken das Wasser im Mund zusammen."

Er stand auf und lief zusammen mit den anderen den Männern entgegen. Iloba und Izar waren vergessen. Der Wolf, fast als würde er verstehen, was vor sich ging, begann laut zu heulen.

Lösungen

Hungrige Geister
Lur hat neben der Birke Spuren entdeckt. Geister hinterlassen keine Spuren.

Die Anderen
Im Haar der Muschelfrau hängt ein mit Muscheln verziertes Lederbändchen.

Das Speerorakel
Der vierte Speer zeigt auf einen bewaffneten Mann.

Am Lachsfluss
Zori ist zu klein, um die Nische zu erreichen.

Der Geistermann
Es handelt sich um unterschiedliche Geweihe.

Mammuträtsel
Die Herde besteht aus drei Mammuts.

Vier Finger
Bei den Handabdrücken fehlt der Zeigefinger. Lehoi fehlt der Mittelfinger.

Geheimgang

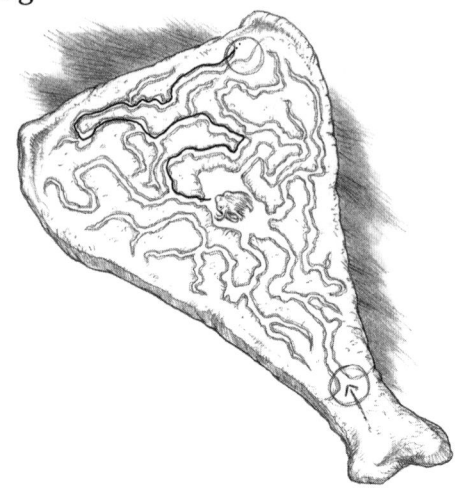

Die Stromschnellen
Der Baumstamm ist morsch und kann nicht als Brücke verwendet werden.

Glossar

Abri: natürlicher Felsüberhang, unter dem Frühmenschen auf ihren Wanderungen Unterschlupf fanden

Auerochse: ausgestorbene Rinderart, die als Vorfahre unserer Rinder gilt

Beinlinge: Vorgänger der heutigen Hose, bei der die Hosenbeine nicht zusammengenäht, sondern von einem Gürtel gehalten wurden

Birkenpech: aus der Rinde von Birken gewonnener Klebstoff

Dörrfleisch: an der Luft getrocknetes Fleisch, das lange haltbar ist

Farbpigmente: fein zerriebene Mineralien, die mit Wasser, Tierblut oder Harz vermischt als Farbe zum Malen benutzt wurden

Harpune: speerartige Waffe, bei der die Spitze lose mit dem Schaft verbunden ist

Höhlenbär: ausgestorbene Bärenart, die größer als der heutige Bär war

Klan: Zusammenschluss von mehreren Sippen zu einer gemeinsamen Gruppe

Krähenbeeren: immergrüne Zwergsträucher, die in waldlosen, nördlichen Regionen wachsen. Aus den Beeren lässt sich Kompott zubereiten.

Omen: (schlechtes) Vorzeichen

Schamane: eine Art Priester, der die Fähigkeit hat, mit der Geisterwelt in Kontakt zu treten

Schleife: Transportmittel, das aus zwei zusammengebundenen Stangen und einem Querholz besteht. Man konnte darauf Gepäck laden und es mit einem Schultergurt über den Boden schleifen.

Sippe: eine Gruppe von Menschen, die miteinander verwandt sind

Speerschleuder: Jagdwaffe der Steinzeit. Der Speer wird mithilfe eines Hebels geschleudert und kann dadurch weiter als nur mit der Hand geworfen werden.

Stangenzelt: Zelt mit einem Gestell aus dünnen Baumstämmen, das dem amerikanischen Tipi gleicht

verpichen: mit Baumharz oder Birkenpech verkleben

Wisent: wilde Rinderart, die dem amerikanischen Bison ähnelt und die noch heute in zoologischen Gärten zu sehen ist

Zeittafel

2 600 000 v. Chr.:	Beginn des Eiszeitalters
2 500 000–8 000 v. Chr.:	Altsteinzeit
2 500 000 v. Chr.:	Erstmaliger Gebrauch von Steinwerkzeugen in Afrika, später auch in Europa. Die Menschen leben vom Jagen und Sammeln. Große Klimaschwankungen
2 000 000–100 000 v. Chr.:	*Homo erectus,* der erste aufrecht gehende Mensch, wandert von Afrika nach Europa. Er benutzt Werkzeuge und Waffen aus Stein.
etwa 700 000 v. Chr.:	Das Feuer wird erstmals von Menschen genutzt.
120 000–30 000 v. Chr.:	Die Neandertaler leben in Europa. Erste aus Holz und Stein zusammengesetzte Waffen Erste Bestattungen von Verstorbenen in Gräbern
ab 35 000 v. Chr.:	*Homo sapiens,* der moderne Mensch und unser direkter Vorfahre, taucht – aus Afrika kommend – in Europa auf und verdrängt die Neandertaler. Er lebt weiter vom Jagen und Sammeln, wohnt unter Felsüberhängen, in Höhlen, Zelten und

	hüttenartigen Behausungen. Werkzeuge und Waffen entwickeln sich. Feine Klingen und Schaber aus Stein sowie Speerspitzen aus Stein, Knochen oder Geweih werden hergestellt. Kunstgegenstände, Schmuck und Musikinstrumente tauchen auf. Erfindung der Speerschleuder und Harpune
30 000 v. Chr.:	Der Neandertaler stirbt aus.
etwa 30 000 v. Chr.:	Erste Höhlenmalereien
10 000–8 000 v. Chr.:	Das Ende der letzten Eiszeit bringt Veränderungen von Tier- und Pflanzenwelt. Erste Domestizierung von Wölfen, die zunächst als Jagdhelfer, später als Hütehunde benutzt wurden.
10 000–5 000 v. Chr.:	Mittelsteinzeit in Europa Das Klima wird wärmer und feuchter. In Europa breiten sich dichte Wälder aus und die großen Herden wandern nach Norden ab. Die Jagdtechniken ändern sich, Erfindung von Pfeil und Bogen

6500 v. Chr.:	Die Menschen sind immer noch Jäger und Sammler, doch die Sesshaftigkeit nimmt zu. Erste Töpferwaren tauchen auf.
5000–2000 v. Chr.:	Jungsteinzeit in Europa Die Menschen beginnen Getreide anzubauen und sich in Dörfern anzusiedeln. Erdhütten, Pfahlbausiedlungen und Steinhäuser ersetzen bewegliche Unterkünfte. Die Bevölkerungszahl steigt.
um 5000 v. Chr.:	Domestizierung von Rind, Pferd und Schwein Erfindung des Webstuhls
ab 4000 v. Chr.:	Ende der Steinzeit, Anfang der Metallzeiten

Die Steinzeit

Die Anfänge der Menschheit

Vor mehr als zwei Millionen Jahren entdeckten die Frühmenschen, dass man aus Flusskieseln Werkzeuge herstellen konnte. Wenn man zwei Steine aufeinanderschlug, sprangen Splitter davon ab. Es bildete sich eine scharfe Kante, mit der man hervorragend schneiden oder schaben konnte. Nicht nur der Stein selbst verwandelte sich in ein nützliches Gerät, auch die abgeschlagenen Stücke konnten als Klingen benutzt werden. Außer Knochen und Holz waren Steine für Millionen von Jahren das einzige Material, aus dem Menschen Werkzeuge herstellen konnten. Dies ist auch der Grund, warum wir diese Periode der Geschichte als Steinzeit bezeichnen. Sie gilt als die längste Epoche der Menschheit und ging erst vor etwa 4 000 Jahren zu Ende, als Menschen lernten, Metall zu verarbeiten und daraus Werkzeuge zu fertigen.

Die frühesten Funde solcher Steinwerkzeuge stammen aus Afrika. Obwohl die Urmenschen, die diese Geräte produzierten, als unsere Vorfahren gelten, sahen sie anders aus als heutige Menschen. Sie waren kleiner, gingen gebückt, waren leicht behaart und besaßen nur ein winziges Gehirn. Doch im Laufe der Jahrtausende entwickelte sich der Frühmensch zum modernen Menschen. Sein Gehirnvolumen wuchs, er begann aufrecht zu gehen und wurde uns immer ähnlicher. Irgendwann entdeckten sie, wie nützlich Feuer war. Über den Flammen geröstetes Fleisch war bekömmlicher als rohes Fleisch und das Feuer half in der Dunkelheit zu sehen. Vor allem aber konnte man sich an der Glut wärmen – eine Grundvoraussetzung für Menschen, auch in kälteren Gegenden zu überleben. Je intelligenter die Menschen wurden, desto tauglichere Werkzeuge entwickelten sie. Statt einfachen Faustkeilen fertigten sie scharfe Messerklingen, tödliche Speerspitzen, Bohrer, Harpunen und andere Steingeräte.

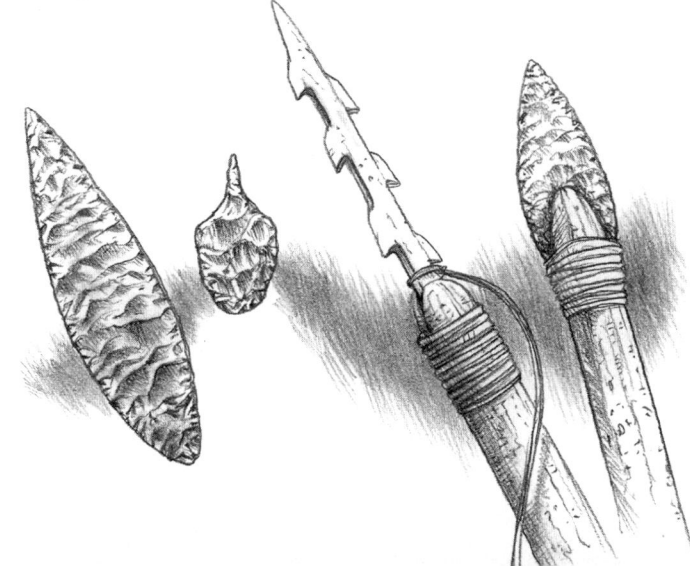

Vermutlich stießen die ersten dieser „modernen" Menschengruppen vor etwa 40 000 Jahren von Afrika nach Europa vor. Dort trafen sie auf die Neandertaler, eine andere Frühmenschenart, die sich dort unabhängig entwickelt hatte. Beide Menschentypen lebten für mehrere Jahrtausende nebeneinander her. Doch obwohl die Neandertaler geschickte Werkzeugmacher, hervorragende Jäger und gut an die Umwelt angepasst waren, starben sie vor 30 000 Jahren aus. Die Neuankömmlinge aus Afrika waren ihnen überlegen.

Europa während der Steinzeit

Das Klima während der Steinzeit war extrem. Über längere Zeitperioden hin veränderte es sich mehrmals dramatisch. Bitterkalte Phasen, in denen selbst die Sommertemperaturen nicht über 10 Grad anstiegen, wechselten sich mit kürzeren Warmzeiten ab. Aber nicht nur das Klima, auch die Landschaften wären für heutige Menschen nicht wiederzuerkennen. Der Norden des europäischen Kontinents und die Hochgebirge waren während der Eiszeiten mit einer kilometerdicken Eisschicht bedeckt, die sich in den wärmeren Perioden jeweils zurückzog. Über die eisfreien

Gebiete zwischen den Gletschern erstreckten sich windgepeitschte Landstriche, die der sibirischen Tundra glichen. Nur in den geschützten Flussniederungen konnten niedrige Haselsträucher und Birken gedeihen. Auf den baumlosen Steppen wuchs nichts als niedriges Gestrüpp und Gras.

Trotz der spärlichen Vegetation gab es Wild im Überfluss. Rentierherden zogen, auf der Suche nach Futter, übers Grasland. Daneben weideten Auerochsen, Wisents, Wildpferde, Riesenhirsche, Wollnashörner und Mammuts. Aber auch gefährliche Raubtiere wie Höhlenlöwen, Bären und Wölfe durchstreiften das Land auf der Jagd nach Beute.

Den Steinzeitmenschen blieb nichts anderes übrig, als sich den wechselhaften Temperaturen und der rauen Umwelt anzupassen. Da sie zum Überleben Fleisch benötigten, folgten sie den jahreszeitlichen Wanderungen der Herden. Diese lieferten ihnen reichlich Nahrung. Um die Fleischkost zu ergänzen, sammelten sie zusätzlich Wurzeln, Blätter, Beeren, Früchte, Samen und Pilze. Auch Vogeleier, Muscheln, Schnecken und Fische bereicherten ihren Speiseplan.

Steinzeitmenschen waren allerdings nicht nur allein für die Ernährung, sondern auch zum sonstigen Überleben im Alltag von den Herden abhängig. Sie mussten eisigen Temperaturen standhalten und brauchten dafür warme Kleidung. Die Materialien dazu lieferten die Tiere. Mit Knochennadeln und Sehnen nähten sie aus den Fellen warme Kapuzenjacken, Beinlinge, Handschuhe und Stiefel. Auch zur Erstellung von Unterkünften waren sie auf die Tierhäute angewiesen. Zwar fanden sie gelegentlich Lagerplätze unter Felsvorsprüngen oder in Höhleneingängen, doch gab es die nicht überall. Auch auf ihren Streifzügen durch die Steppen benötigten sie Schutz vor Wind und Wetter. Bewegliche Zelte aus Rentierhäuten, die sich schnell auf- und abbauen und leicht transportieren ließen, waren auf der ständigen Wanderschaft viel praktischer als Hütten und Häuser.

Jeder Teil der erjagten Tiere wurde verwertet. Aus den Knochen und dem Geweih schnitzten sie Werkzeuge, Musikinstrumente oder Figürchen, aus den Sehnen zwirnten sie Schnüre. Die Zähne konnte man zu Ketten fädeln oder damit die Kleidung verzieren. Selbst das Fett wurde nicht vergeudet. Es eignete sich als Brennstoff für ihre Lampen.

Auch wenn der Alltag der Steinzeitmenschen einen ständigen Überlebenskampf darstellte, hatten sie trotzdem Zeit, sich künstlerisch zu betätigen. Berühmt sind vor allem die Höhlenmalereien aus Frankreich und Spanien, die alle aus der Steinzeit stammen. Die ersten dieser Kunstwerke entstanden vor etwa 35 000 Jahren, die letzten wurden vor 12 000 Jahren gemalt. Meist stellen sie die Tiere dar, die damals die Steppen bevölkerten. Warum die Menschen diese Bilder malten, kann man nur vermuten. Möglicherweise wurden in den Höhlen Jagdriten abgehalten, mit denen die Schamanen versuchten, die Herden „herbeizuzaubern". Vielleicht wollten sie damit aber auch die Tiergeister nach der Jagd beschwichtigen. Ihre genauen Gründe werden wir nie erfahren.

Ein neues Zeitalter beginnt

Gegen Ende der letzten Eiszeit, um 10 000 v. Chr., wurde das Klima immer wärmer und feuchter. Die Eisdecken begannen zu schmelzen, der Meeresspiegel stieg an. Tief liegende Landstrecken und küstennahe Gebiete versanken unter Wasser. Auf den Steppen, wo bisher nur niedriges Gestrüpp und Kräuter Wurzeln schlagen konnten, breiteten sich lichte, später immer dichter werdende Mischwälder aus. Rentiere und Mammuts, die an das Leben der Steppe angepasst waren, zogen sich in die kälteren nördlichen Regionen zurück. Das Baumland und die wärmeren Temperaturen entsprachen nicht ihren Bedürfnissen.

Menschen dagegen fiel es leichter, sich umzugewöhnen. Es dauerte nicht lange, bis sie gelernt hatten, die neuen Tierarten, die sich in den Wäldern ausbreiteten, zu jagen. Da man mit Wurfspeeren zwischen Baumstämmen nur schwer zielen konnte, mussten sie nur ihre Jagdtechniken ändern. Bald hatten sie den wendigeren Pfeil und den Bogen erfunden und Hirsche und Wildschweine schmeckten ebenso gut wie einst Rentiere und Mammuts. Doch das Leben änderte sich grundlegend. Da die Herden, denen sie auf ihren jahreszeitlichen Wanderungen gefolgt waren, verschwanden, hatten sie keinen Grund mehr für ihr bisheriges Nomadenleben.

Zwar ernährten sich die Menschen in Europa weiterhin über viele Jahre hinweg vom Jagen und Sammeln, doch aus dem nahen Osten hielt eine neue Lebensweise immer stärker Einzug: Dort hatten Menschen erstmals Getreide angebaut und begonnen, Vieh zu züchten. Aus Jägern und Sammlern entwickelten sich allmählich Bauern. Sie mussten nicht mehr von Ort zu Ort ziehen, um nach Nahrung zu suchen. Stattdessen bauten sie dauerhafte Häuser aus Holz oder Stein, siedelten sich in Dörfern an und hielten sich Rinder, Schafe, Schweine und Ziegen. Dieser Übergang fand in Europa vor etwa 7000 Jahren statt. Gleichzeitig erfanden die Menschen neue Techniken. Sie entdeckten, dass man Lehm im Feuer brennen konnte, und schufen Keramik.

Dies war erst durch die Sesshaftigkeit möglich und auch sinnvoll geworden, denn für ein Nomadenleben waren Tontöpfe viel zu zerbrechlich. Aus Pflanzenfasern und Wolle webten sie Stoffe, die ihre Lederkleidung ersetzten und auch die Tage der Steinwerkzeuge waren gezählt. Die Menschen lernten, Metall zu verarbeiten. Anfangs nur kleinere Gegenstände aus Kupfer, dann Werkzeuge und Waffen aus Bronze. Die Steinzeit wurde von der Bronzezeit und später der Eisenzeit abgelöst.

Renée Holler träumte schon als Kind davon, Schriftstellerin zu werden, studierte nach dem Abitur jedoch erst Völkerkunde und Geografie. Anschließend reiste sie um die Welt, arbeitete in einem Verlag und in einer Buchhandlung. Seit 1992 lebt sie mit ihrer Familie in Oxford, England. Inzwischen hat sie ihren Kindheitstraum verwirklicht und bereits mehr als zwanzig Bücher für Kinder und Erwachsene geschrieben.
Renée Holler im Internet: *www.reneeholler.com*

Hauke Kock wurde 1965 in Schleswig-Holstein geboren. Als Kind fiel er in ein Fass mit Zeichentusche, seitdem kann er nicht mehr aufhören zu zeichnen und zu malen. Er studierte Kommunikations-Design in Kiel. Schon als Student verfasste und illustrierte er Kinderbücher. Seit 1993 ist er selbstständiger Illustrator.

Historische Ratekrimis
Geschichte erleben und verstehen!

Weitere Titel aus der Reihe:

- Der Mönch ohne Gesicht
- Gefahr für den Kaiser
- Spurensuche am Nil
- Anschlag auf Pompeji
- Falsches Spiel in der Arena
- Fluch über dem Dom
- Der Geheimbund der Skorpione
- Rettet den Pharao!

Ratekrimis aus aller Welt!

Weitere Titel aus der Reihe:

- Verschollen im Regenwald
- Jagd auf die Juwelendiebe
- Zum Dinner ohne Alibi
- Koalas spurlos verschwunden!
- Verrat im Tal der Könige
- Der Dieb mit der roten Maske

Ratekrimis mit Aha-Effekt!

Weitere Titel aus der Reihe:

- Anschlag auf die Buchwerkstatt
- Der gestohlene Geigenkasten
- Ein Fall für den Meisterschüler
- Alarm im Laboratorium